Klaus Douglass • Kai Scheunemann • Fabian Vogt

W0062495

Halte deine Träume fest

*Vom befreienden Umgang
mit Grenzen und Fehlern*

EDITION
KIRCHE MIT VISION

Projektion J Verlag

© 2000 by Gerth Medien GmbH, Asslar
1. Auflage 2000

Auf der Grundlage der neuen Rechtschreibregeln.
Die Bibelstellen wurden der Luther-Übersetzung
und der »Gute Nachricht«-Bibel entnommen.

ISBN 3-89490-343-0

Umschlaggestaltung und -foto: Hanni Plato
Satz: Nicole Schol, Projektion J
Druck und Verarbeitung: Ebner Ulm

Inhalt

Vorwort

Man kann auf zwei Arten stürzen: Entweder man fällt nach vorne oder nach hinten. Die meisten Menschen werfen sich instinktiv nach hinten, weil der Po nun einmal elastischer ist als das Gesicht. Das ist im Prinzip nichts Schlechtes, aber die Sache hat einen Haken: Wenn man sich nach hinten fallen lässt, hat man das Hindernis, das einen ins Straucheln gebracht hat, immer noch vor sich, während es sonst – wenn auch vielleicht mit blutiger Nase – überwunden wäre.

»Versagen ist eine gute Gelegenheit, noch einmal intelligenter von vorne anzufangen« (Henry Ford).

Genau das Gleiche gilt für den Umgang mit persönlichen Schwächen. Menschen, die Fehler machen oder an ihre Grenzen stoßen, taumeln in den häufigsten Fällen erschreckt wieder in die Richtung, aus der sie kommen; sie suchen die Sicherheit des Bewährten, fallen zurück in altvertraute Verhaltensmuster und vergessen über der Schadensbegrenzung, aus ihren Fehlern zu lernen. Und sie leben so weiter, dass über kurz oder lang die gleichen Probleme unweigerlich wieder auftauchen werden.

Schade!

Wir möchten Ihnen mit diesem Buch Mut machen, nach vorne – und dabei möglichst schnell wieder auf die Füße – zu fallen, negative Erfahrungen als hilfreiche

Chancen zu begreifen, Fehler und Grenzen als Heraus-forderungen anzunehmen und auf die eigenen Schwächen so zu reagieren, dass daraus Stärken werden. Wer einmal gelernt hat, seine Misserfolge nicht als kleine Weltuntergänge, sondern als Beginn von etwas Neuem, Besserem zu sehen, der kann auch anfangen, seine Lebensträume umzusetzen – und der lässt sich nicht so leicht entmutigen.

Natürlich ist es schmerzhaft, wenn jemand entdecken muss, dass er etwas völlig falsch gemacht oder einfach versagt hat. Spaß macht das niemandem. Selbst die souveränsten Charaktere kennen die tiefe Enttäuschung, die einen überfällt, wenn man wieder einmal etwas in den Sand setzt. Noch bedrückender kann es werden, wenn ein zielgerichteter Mensch herausfindet, dass er in bestimmten Bereichen einfach ganz persönliche Grenzen hat, die seine Möglichkeiten einschränken. Zu entdecken, dass die eigenen Begabungen, die Kräfte oder der Mut nicht ausreichen, um unsere eigenen Erwartungen oder die der anderen zu erfüllen, kann ganze Lebenskonzepte ins Wanken bringen.

Die entscheidende Frage in diesem Zusammenhang ist aber nicht die, ob jemand Probleme hat, sondern wie er damit umgeht. Es gibt so viele Menschen, die gleichermaßen schlechte Erfahrungen machen und verletzt zusammenbrechen. Nur bleiben die einen waidwund liegen, lecken ihre Wunden und bemitleiden sich selbst, während die anderen wieder aufstehen, das Verbandszeug suchen und überlegen, wie sie es besser machen können. Nicht das, was passiert, ist tragisch, sondern das, was es mit uns macht. Wie gehen Sie mit Ihren

Nicht das, was passiert, ist tragisch, sondern das, was es mit uns macht.

eigenen Schwächen um? Beantworten Sie doch einfach einmal für sich zu Beginn die folgenden zehn Fragen. Dabei geht es weniger um ein Entweder-Oder als darum, dass Sie überlegen, zu welcher Reaktion Sie eher neigen:

1. Lassen Sie sich entmutigen, wenn Sie an Ihre Grenzen stoßen, oder sagen Sie lieber: »Jetzt erst recht«?
2. Geben Sie nach einem schweren »Sturz« normalerweise Ihre Pläne auf oder sammeln Sie bald neue Kräfte zum Weitermachen?
3. Legen Sie Ihre Träume und Pläne bei Rückschlägen auf Eis oder suchen Sie einfach einen anderen Weg?
4. Haben Sie bei einer schmerzvollen Niederlage das Gefühl, dass damit Ihr ganzes Leben in Frage gestellt wird, oder bleibt Ihr Selbstvertrauen unangetastet?
5. Können Sie auch schwer wiegende Fehler als Ausrutscher verstehen oder ärgern Sie sich noch wochen-, vielleicht sogar jahrelang über Dinge, die Sie einmal falsch gemacht haben?
6. Können Sie mit sich und anderen gnädig sein oder gibt es Erfahrungen, bei denen Sie einfach sagen: »Hier ist Hopfen und Malz verloren!«?
7. Geben Sie sich und anderen nach einer Enttäuschung gern eine zweite Chance oder hat man bei Ihnen schnell verspielt?
8. Sind Sie nachtragend und ungenießbar, wenn etwas nicht funktioniert hat, oder halten Sie anderen aus ganzem Herzen die Hand zur Versöhnung hin?
9. Haben Sie große Angst davor, Fehler zu machen, oder sind diese in Ihren Vorhaben (und Ihrem Denken) zumindest als möglich eingeplant?
10. Fallen Sie eher nach vorne oder nach hinten, das heißt: Behalten Sie Ihr gestecktes Ziel im Auge,

oder suchen Sie die Sicherheit vertrauter Verhaltensmuster?

Bei keiner dieser Fragen geht es um das Versagen selbst.
Im Mittelpunkt steht immer unsere Reaktion auf unser
Fehlverhalten, das erst dadurch zu einer Katastrophe oder
zu einer positiven Herausforderung wird. Je öfter Sie bei
diesen Fragen eingestehen (müssen), dass Sie dazu neigen, Schwächen als Bedrohung und Gefahr zu betrachten,
desto hilfreicher wird für Sie eine gesunde Auseinandersetzung mit den eigenen Unsicherheiten werden.

Mit Fehlern und Grenzen produktiv umgehen zu
können ist eine Kunst – und zwar eine der anspruchs-
vollsten. Doch wenn wir diese Kunst nicht lernen, machen wir uns das Leben schwer und das Dasein zur
Hölle. Es sind nämlich nicht die absoluten Perfektionisten oder die Willensstarken, denen es gelingt, ihr Leben
zum Blühen zu bringen, es sind die Lernfähigen, die
sich von ihren Fehlern und Grenzen herausfordern lassen und sich nicht scheuen, neue Wege zu gehen. Erfolgreich sind nicht die scheinbar Fehlerlosen, sondern
diejenigen, die ihre Schwächen erkennen und daran arbeiten. Jeder Lebenstraum gerät von Zeit zu Zeit in Gefahr, er stockt, droht, verloren zu gehen oder an widri-
gen Umständen zu scheitern. Ihr Ziel erreichen werden
in einem solchen Fall diejenigen, die in der Lage sind,
aus dem Gegebenen das Beste zu machen und ihre Träume festzuhalten.

Das Christentum hat sich von Anbeginn an mit der
seltsamen Scheu der Menschen vor ihren Schwächen
auseinander gesetzt. Jesus wollte dem unerfüllbaren und
bisweilen sehr gefährlichen Wunsch nach äußerer Vollkommenheit eine ehrlichere und authentischere Sichtweise des Daseins entgegenhalten. Wenn er sagt, dass
»Gott in den Schwachen mächtig ist«, dann meint er

damit vor allem diejenigen unter uns, die sich ehrlich eingestehen können, dass sie schwach sind. Denn nur, wenn jemand dies erkennt, wird er den festen Charakter entwickeln, den er braucht, um seinen Lebensweg erfolgreich zu beschreiten. Jemand, der akzeptiert, dass er unvollkommen ist, kann nicht nur bedeutend souveräner in dieser Welt leben, auch sein Horizont erweitert sich, weil der Betreffende sich nicht mehr zum Maß aller Dinge macht und weil er Probleme nicht bekämpft oder ignoriert, sondern annimmt und löst.

Die Bibel jedenfalls hat schon immer ein Faible für schwache Menschen, und Gott betont an vielen Stellen, wie vergeblich das Streben nach Perfektion und wie beruhigend und notwendig das Aufbauen einer stimmigen Selbsteinschätzung ist. Darum wollen wir in diesem Buch versuchen, die geistlichen Grundlagen für einen positiven Umgang mit Fehlern und Grenzen anhand einiger markanter biblischer Geschichten und Textstellen aufzuzeigen.

Menschen, die aus Fehlern lernen, sind wirklich stark.

Viele der bekannten Persönlichkeiten aus dem Alten und dem Neuen Testament haben ihr Leben lang nichts anderes getan, als eine befreiende Perspektive für ihre Schwächen zu suchen. Aber das ist noch nicht alles: Kaum eine der großen Glaubensgestalten beging keine Fehler. Die meisten waren richtiggehende Versager, die nicht selten ungeheure Verbrechen auf dem Gewissen hatten. Und genau diese Schwächlinge sucht sich Gott, um mit ihrer Hilfe die Welt zu verändern. Warum? Die Antwort ist ganz einfach: Menschen, die aus Fehlern lernen, sind wirklich stark.

Weil die Bibel immer wieder von diesen Gesundungsprozessen erzählt, kann man aus ihr viel über den kreativen Umgang mit Schwächen lernen. Nicht nur die Tatsache, dass ein Mensch ohne Fehler gar nicht vorwärts käme, sondern auch die tröstliche Erkenntnis, dass Fehler nun einmal menschlich sind. Unfehlbarkeit ist unmenschlich! Wobei man ehrlich zugeben sollte: Das zu sagen, ist leicht, die eigene Fehlerhaftigkeit wirklich zu akzeptieren, stellt dagegen eine Lebensaufgabe dar, der nicht viele gewachsen sind. Und gleichzeitig hat wohl jeder schon erlebt, dass man sich vor Menschen hüten sollte, die keine Fehler zugeben können. Es lohnt sich also, die Erfahrungen zu analysieren, die die biblischen Gestalten mit dem Versagen gemacht haben, und daraus zu lernen.

Die Grundlage dieses Buches sind zwei Predigtreihen der Autoren über den Umgang mit Fehlern und den Umgang mit Grenzen. Beide Serien sind nicht nur in der Andreasgemeinde in Niederhöchstadt, sondern auch weit darüber hinaus auf ungewöhnliche Resonanz gestoßen und haben ganz unterschiedlichen Menschen neue Wege aufgezeigt. Beim Lesen werden Sie entdecken, dass drei Autoren bisweilen auch drei Perspektiven, Argumentationswege und Sprachstile nutzen; wir haben aber diese Vielfalt bewusst beibehalten. So haben Sie an Stelle eines systematisch durchgestalteten Arbeitsbuches die Erfahrungen und Anregungen dreier Referenten, die jeder auf ihre Weise das Thema durchdacht haben.

Nach einer Einleitung in das Tabuthema »Fehler und Grenzen« betrachten wir deren Relevanz in verschiedenen Lebensbereichen. Dabei geht es einerseits um die herausfordernde und anstrengende Frage nach den eigenen Unsicherheiten, aber auch darum, wie man in einer Gemeinschaft mit den *Fehlern und Grenzen der anderen* so umgehen kann, dass die Betroffenen eine Chance haben, sich zu verändern oder ihre individuellen Eigenheiten zu leben. Das alles ist letztlich in einen noch größeren Rahmen eingebunden, nämlich die Frage nach den Grenzen der Gemeinden und Kirchen. Wie gelingt es uns, die grenzen-lose Liebe Gottes in dieser Welt umzusetzen und die Freiheit, zu der wir »berufen« sind, verantwortungsvoll zu leben?

Zum Schluss stellen wir ein 10-Punkte-Programm vor, mit dessen Hilfe man sich mutig an die eigenen Schwächen wagen kann.

Es geht also um ein aufregendes Thema, dessen Betrachtung Ihnen hoffentlich dabei hilft, sich und Ihre Ecken und Kanten nicht als Hindernis, sondern als Wagnis zu verstehen, ein Wagnis, dem man sich stellen muss, wenn das Leben gelingen soll.

Gottes Segen wünschen Ihnen
Klaus Douglass, Kai Scheunemann und Fabian Vogt

13

Warum Träume unser Leben
verändern können

*I*n diesem Kapitel lesen Sie, warum Fehler kein Beinbruch sind und warum es so wichtig ist, sich mit
ihnen auseinander zu setzen. Solange Menschen
Fehler als Feinde betrachten, bekämpfen sie sie verbittert und lehnen es ab, an ihnen zu arbeiten. Wenn die
Schwächen aber zu Freunden werden, beginnt ein pro-
duktiver, hilfreicher Dialog, der Leben verändern kann.
Das bedeutet allerdings bisweilen, dass man sich von so
manch lieb gewordenem Selbstbild verabschieden muss.
Trotzdem lohnt es sich.

Alle Menschen stoßen irgendwann einmal an ihre Grenzen oder machen schwer wiegende Fehler – viele resignieren daraufhin. Leider oftmals, ohne es bewusst wahrzunehmen. Da werden einmalige unglückliche Erfahrungen verallgemeinert und in der Rubrik »schlecht« abgelegt – und fertig. Wir würden uns wundern, wenn wir erkennen könnten, wie viele negative Erlebnisse der Vergangenheit unser heutiges Handeln bestimmen und uns dabei den Weg zu neuen Zielen verstellen und/oder uns schon im Vorfeld wichtiger Entscheidungen entmutigen. Unglücklicherweise machen sich einige Menschen ganz von solchen Enttäuschungen abhängig. Sie halten sich unbewusst immer wieder ihr schuldhaftes Versagen vor, trauen sich nichts mehr zu und werden in manchen Lebensbereichen so vorsichtig, dass sie im Grunde keine Aufgabe mehr fröhlich und unverzagt angehen können. Das tut weh. Nicht nur den Betroffenen, sondern auch ihren Freunden und Bekannten. Die enttäuschten und verärgerten Personen machen aus einem einmaligen Versagen einen Präzedenzfall und weigern sich fortan, sich noch einmal auf dieses Gebiet zu wagen. Ein einmaliges Ereignis hemmt die Zukunft.

Man muss übrigens nur genau hinsehen, dann entdeckt man überall Menschen, die ihre Lebenspläne und ihren Alltag von solchen Einzelerlebnissen bestimmen lassen:

- »Ich bin durch die Prüfung gefallen, also bin ich für diesen Beruf nicht geeignet.«
- »Ich habe meinen Chef enttäuscht, also bin ich wohl bei ihm unten durch.«
- »Ich bin von einem Partner verletzt worden, also kann ich nie wieder einem Menschen wirklich vertrauen.«
- »Ich habe in der Erziehung meiner Kinder in einem Punkt versagt, also bin ich keine gute Mutter.«

- »Mich hat ein Ausländer betrogen, also sind alle Ausländer Schweine.«
- »Ich bin einmal ausgelacht worden, als ich in einer Gruppe etwas vortragen sollte, also werde ich so etwas nie wieder tun.«
- »Mich hat ein Christ unter Druck gesetzt, also muss das alles mit Gott und dem Glauben Quatsch sein!«

Man könnte diese Reihe endlos weiterführen. Wahrscheinlich kennt jeder von Ihnen selbst genügend Beispiele von Einzelerfahrungen, die zu Lebenshemmern wurden. Das Verrückte daran ist: Die Folgen eines solchen negativen Denkens sind wesentlich grausamer und lähmender als die Ereignisse selbst.

Die Folgen eines solchen negativen Denkens sind wesentlich grausamer und lähmender als die Ereignisse selbst.

Menschen, die sich von missglückten Einzelerfahrungen bestimmen lassen, haben nie gelernt, aus schlechten Tagen gute werden zu lassen! Sie ergeben sich den Fehlern und Grenzen, anstatt *an* und *mit* ihnen zu arbeiten. Sie haben das Gefühl, dass durch ihr Versagen ihre ganze Persönlichkeit, ja, ihr ganzes Ich in Frage gestellt ist. Ein Misserfolg kommt – und das gesamte Selbstvertrauen ist vernichtet, die Angst beherrscht jeden Augenblick. Eben noch waren sie motivierte Träumer, plötzlich haben sie auf dem Weg zu einem Ziel eine Panne und geben vor lauter Frustration den Traum ganz auf. Natürlich gibt es traumatische Erlebnisse, die fast allen Mut rauben, und natürlich kann ein Fehlschlag so manche waghalsige Idee in Frage stellen, aber wenn ich zulasse, dass damit ein Schlusspunkt gesetzt wird, dann werde ich mit diesem Leben nie zurechtkommen.

Versuchen Sie einmal, Menschen zu motivieren und für eine neuartige und ungewöhnliche Idee zu gewinnen, dann werden Sie bald die Erfahrung machen, dass Sie auf eine Wand aus nicht überwundenen Fehlentscheidungen und Grenzsteinen aus der Vergangenheit stoßen: »So etwas wollte ich früher auch mal, aber es hat nicht geklappt, also probier ich es nie wieder«, »Ja, als Jugendlicher hatte ich auch solche überkandidelten Vorstellungen, aber das legt sich mit der Zeit« oder: »Eine schöne Idee, aber das schaffen wir ohnehin nicht!« Ist ja auch selbstverständlich: Wenn Sie nicht glauben, dass Sie etwas schaffen, wenn Sie sich lieber an eine Enttäuschung als an einen Traum halten, dann werden Sie unter Garantie keinen Erfolg haben. Das Schlimme dabei ist eben: Die meisten Menschen merken gar nicht, dass sie sich auf Grund negativer Einzelerfahrungen selbst begrenzen und ihre Fähigkeiten und Möglichkeiten deshalb nicht ausschöpfen können. Das Gefängnis der Enttäuschungen gehört zu den ausbruchssichersten der Welt. Die Angst davor, etwas falsch zu machen, ist so groß, dass sie zur Fessel wird.

Mit verantwortlich für diese Problematik ist natürlich auch eine Gesellschaft, in der vermeintlich für fehlerhafte Menschen kein Platz ist. *Wir lernen in allen Bildungsinstitutionen und Gruppen, wie man gewinnt, aber nicht, wie man anständig verliert und einen zweiten Anlauf nimmt.* Man erzählt Ihnen überall, dass es sich nicht gehört, etwas falsch zu machen, dass es eine Schande sei, Schwäche zu zeigen. »Fehler machen nur die Versager, die Verlierer, diejenigen, die zu nichts taugen.« Wahrscheinlich ist die Verdrängung unserer Fehlbarkeit eine der größten Lügen der Weltgeschichte überhaupt. Darum muss der erste Schritt zu einem produktiven Umgang darin bestehen, Fehler nicht prinzipiell zu verdammen. Eigentlich sollte das selbstverständlich sein, weil wir ja von uns wissen, wie oft in unserem Leben die Dinge anders laufen, als wir denken. Und trotzdem wollen wir es eigentlich nicht hören. Um es noch einmal deutlich zu sagen: *Alle Menschen machen Fehler!* »Ach!«, werden Sie sagen, »das ist doch banal.« Das ist es aber leider nicht. Natürlich: Jeder unterschreibt diesen Satz, solange er allgemein verstanden wird. Der Graben zum persönlichen Eingeständnis »Ich mache Fehler!« ist aber für viele Menschen schier unüberwindlich. Zwar werden auch hier noch die meisten im Prinzip zustimmen, aber nicht, weil sie das für akzeptabel halten, sondern weil man damit ein bisschen kokettieren kann: »Nun, auch ich mache mal einen Fehler! Ja, ja!«

Es geht jedoch nicht um ein oberflächliches Zustimmen, sondern um ein wirkliches Anerkennen der eigenen Fehlerhaftigkeit. Das weit reichende Eingeständnis »Fehler sind ein ganz normaler Bestandteil meiner Existenz« scheint ein Sakrileg zu sein. Offen und ehrlich können nur sehr wenige eingestehen, dass sie regelmäßig Dinge falsch machen. Denn daraus müsste ja logischerweise folgern: »Es ist in Ordnung, wenn ich Fehler mache, weil ich es ohnehin nicht vermeiden kann.« Und diesen Gedanken finden wir unerträglich. Wir wissen zwar, dass alle Menschen Fehler machen, aber wir akzeptieren es nicht für uns selbst. Und das ist die große psychologische Blockade, die uns daran hindert, mit diesen Fehlern sinnvoll umzugehen. Wer gesteht schon gerne ein, dass er versagt? Können Sie ehrlich von sich behaupten, dass es für Sie etwas ganz Natürliches und Normales ist, mit Ihren Fehlern zu leben? Dass Sie das nicht nur so sagen, sondern mit allen Konsequenzen bejahen und leben? Dass Sie Niederlagen genauso akzeptieren wie Erfolge, weil beides zum Leben dazugehört? Wenn ja, dann herzlichen Glückwunsch! Für die überwiegende Mehrheit der Menschen sind solche Sätze jedoch ein Angriff auf das eigene Selbstbewusstsein.

Nur wenige Menschen finden es wirklich in Ordnung, Fehler zu machen. Die meisten leiden schrecklich darunter, wenn sie ihre eigenen Grenzen erfahren. Sie verachten sich selbst für jeden Fehler und kämpfen erbittert dagegen an, bei einem ertappt zu werden. Und weil wir alle daran zu knabbern haben, bauen wir ein Weltbild auf, in dem Fehlermachen eben nicht vorkommen darf. Das gilt für die Gesellschaft an sich wie auch für alle Teilbereiche unseres Lebens: die Familie, den Kollegenkreis, die Freunde, die Gemeinde, den Verein oder die Nachbarschaft. Wir wollen nicht, dass unsere Schwächen bekannt werden, und tun alles dafür, den Schein des Perfektionismus aufrechtzuerhalten. Und damit schaffen wir uns selbst ein Gefängnis, aus dem wir nicht mehr entfliehen können.

Das Erschreckende an einer solchen Haltung ist jedoch die Tatsache, dass wir unendlich viel Energie in die Fehlervermeidung investieren, die wir viel besser für den gesunden Umgang mit bereits gemachten Fehlern gebrauchen könnten. Achten Sie doch einmal darauf, welche Anstrengungen Menschen unternehmen, um keine Fehler zu machen, wie viel Kraft, Fleiß, Schweiß und Nerven es sie kostet, alles richtig zu machen. Wenn sie diese enormen Anstrengungen, die ja doch meist überflüssig sind, weil nun einmal alle Menschen Fehler machen, darauf verwenden würden, an ihren Fehlern zu wach-

> *Das Erschreckende ist die Tatsache, dass wir unendlich viel Energie in die Fehlervermeidung investieren, die wir viel besser für den gesunden Umgang mit bereits gemachten Fehlern gebrauchen könnten.*

20

sen und ihre Stärken zu fördern, kämen sie viel weiter. Natürlich wird niemand leichtfertig Fehlerquellen zulassen, die er zum Versiegen bringen könnte. Aber die Grenze von einer hilfreichen Prävention zu einem verkrampften Ringen um die nie zu erreichende Perfektion ist fließend und so mancher ehrgeizige Kämpfer ist schon früh unbemerkt von der Wachsamkeit in die Angst geschlittert. Wer aber anfängt, sein Leben von der Angst bestimmen zu lassen, der wird unweigerlich daran kaputtgehen.

Warum ist es gesund, die eigene Fehlbarkeit einzugestehen?

1. Fehler zu akzeptieren erleichtert das Leben
Wer von sich nicht immer nur Perfektion erwartet, der hat es auch nicht nötig, sich und der Welt etwas vorzuspielen. Er kann heiter und gelassen überlegen, was es für ihn als Nächstes zu tun gibt, ohne dabei verbissen alle denkbaren oder undenkbaren Risiken abzuwägen. Wenn ich einkalkuliere, dass mir auch einmal etwas misslingen *kann,* wird mich ein tatsächlicher Misserfolg nicht in tiefe Abgründe stürzen. Vor allem aber hängt mein Selbstbewusstsein niemals ausschließlich von meinen Handlungen ab.

Jemand, der seine eigene Fehlbarkeit akzeptiert, wird sich auch nicht zu wichtig nehmen. Einige Missstände in unserer Gesellschaft werden dadurch verursacht, dass viele Menschen die unglaubliche Hybris an den Tag legen, sich selbst für eine Inkarnation des Vollkommenen zu halten, und sich nicht vorstellen können, dass andere diese Meinung nicht teilen. Wer Fehler akzeptiert, kann nicht nur über sich selbst lachen, er gerät auch weniger in Versuchung, sich zu überhöhen und irgendwann Erwartungen an sich zu stellen, die unerfüllbar sind.

Das wichtigste Argument für ein solches Leben bleibt aber die Ehrlichkeit. Sich selbst so zu sehen, wie man wirklich ist, bedeutet, eine wundervolle Plattform für ein gelingendes Leben zu haben. Man hat es dann nicht mehr nötig, die eigenen Schwächen zu verdrängen, zu vertuschen oder wegzulügen. Man muss sich selbst nichts mehr vormachen und kann sich annehmen. Und man hat endlich die Möglichkeit, eigene Fehler und Grenzen zu benennen und daran zu arbeiten. Wer sich Schwächen nicht eingesteht, der kann sie ja auch nicht in Stärken verwandeln. Der bleibt unter einer wohlgeformten Fassade so schwach wie vorher.

2. Fehler zu akzeptieren ist besser als nichts zu tun
Negative Erfahrungen, die nicht positiv verarbeitet werden, führen fast immer zu Lähmungen. Die Betroffenen neigen aus Angst vor Irrtümern und Fehlentscheidungen dazu, gar nichts mehr zu tun, und ziehen sich in ihr Schneckenhaus zurück. So bleiben großartige Begabungen verborgen, werden fantastische Möglichkeiten ungenutzt gelassen und wichtige Entscheidungen nicht gefällt. Es gibt »Fehlervermeider«, die vor lauter Versagensangst einfach überhaupt keine Entscheidungen mehr treffen. Sie sind sogar bereit, negative Lebensumstände zu akzeptieren, nur um nicht das Risiko eingehen zu müssen, vor eine falsche Wahl gestellt zu werden. Sie ertragen lieber eine unglückliche Existenz voller Angst und Wut, als den Mut aufzubringen, etwas Riskantes zu wagen. Das aber führt über kurz oder lang immer zur Katastrophe. Wer beispielsweise nicht den Mut aufbringt, eine völlig verfahrene und in Hass umgeschlagene Beziehung zu beenden, der bringt immer neues Leid hervor. Bitte drücken Sie sich nie aus Angst vor einer

Entscheidung. Keine Entscheidung zu fällen ist auf Dauer immer schädlicher als endlich zu wissen, wo der Weg weitergeht. Natürlich kann es passieren, dass man eine falsche Entscheidung trifft. Na und? Dann hat man wenigstens eine Erfahrung gemacht – wenn man willenlos stehen bleibt, ändert sich niemals etwas. Wer handelt, gewinnt auf jeden Fall: entweder hat er Erfolg oder er hat aus seinen Fehlern gelernt. Wer nicht handelt, verliert immer.

Ein Mensch, der seine Fehlbarkeit akzeptiert und bereit ist, Misserfolge einzuplanen, hat auch den Mut, die Dinge mit Kraft und Motivation anzupacken, weil es ihn eben nicht verstört, wenn tatsächlich einmal etwas nicht gelingt. Nur wer Dinge falsch macht, kann sie auch besser machen. Gerade Christen neigen bisweilen dazu, sich lieber an bestimmte Regeln zu halten, als daran, auf die Gnade Gottes zu vertrauen. Dieses oft lebensabgewandte Dasein trägt mit zu den Vorurteilen über die so genannten »Frommen« bei. Wer einfach nur sagt: »Dies ist gut und dies ist schlecht und das Schlechte meide ich«, der hat zwar ein relativ klares Leben und kann Situationen nach simplen Schemata beurteilen, er wird aber niemals die ausgetretenen Pfade verlassen und Neues wagen. Und genau diesen Glauben verurteilt Jesus sehr deutlich bei den Pharisäern.

3. Fehler zu akzeptieren ermöglicht Fortschritte

Es gibt Menschen, die kann man mit der Nase auf ihre Fehler stoßen, und sie verleugnen sie trotzdem. Sie sind einfach nicht bereit, an sich zu arbeiten – und wundern sich dann, dass sie nicht vorwärts kommen. Das Leben ist nun einmal ein Prozess, und es wäre in allen Bereichen schlecht, wenn ich mich nicht weiterentwickeln würde. Aber das bedeutet beispielsweise auch zu akzeptieren, dass man heute Dinge besser weiß als vor zwei

Jahren und dass man möglicherweise in früheren Zeiten, weil man damals noch nicht so weit war, weniger kluge Entscheidungen gefällt hat. Darüber hinaus kann es durchaus sein, dass man in weiteren zwei Jahren entdeckt, dass die heute gegangenen Schritte nicht auf den besten Weg führten. Aber das macht nichts. Ein Mensch, der sich nicht zugestehen kann, dass er auch einmal etwas falsch macht, der verhindert damit, dass er vorankommt.

Viele Menschen klammern sich zum Beispiel ängstlich an ihren Glauben aus der Jungschar oder dem Kindergottesdienst, konservieren die Gottesbilder eines 10-Jährigen und wundern sich dann, dass dieser Glaube nicht trägt, dass sie Gottes Gegenwart nicht erleben und dass sie nicht vorankommen. Das ist so, als ob jemand mit einem Mathematikbuch der 4. Klasse eine Integralrechnung lösen wollte. Das klappt nicht. Als der Betreffende 10 Jahre alt war, hat er erlebt, wie schön es ist, auch kompliziertere Additionen und Subtraktionen durchführen zu können. Für den 10-Jährigen war dieses Lehrbuch eine Offenbarung, es hat ihm damals sehr geholfen, mit der Welt besser zurechtzukommen, es hat ihm vielleicht sogar richtig Spaß gemacht. Jetzt ist der Mann 30 Jahre alt und wundert sich, dass ihm das alte zerfledderte Mathebuch diesen Kick nicht mehr bringt. Warum können wir nicht einfach sagen: »Damals, früher, noch vor einiger Zeit habe ich möglicherweise etwas Unvollkommenes gedacht und getan. Es war nach meinem damaligen Verständnis richtig. Heute erkenne ich, dass ich einen Schritt weiter bin.« Wenn alle Menschen sich gegenseitig zugestehen könnten, dass sie Fortschritte machen und heute schlauer sind als gestern, dann wäre das Zusammenleben in der Gesellschaft um einiges leichter.

4. Fehler zu akzeptieren macht stark

Nicht Erfolge helfen uns, lebensfähig zu werden, sondern überwundene Niederlagen. Anpassungsfähig, flexibel, gelassen und fröhlich werden wir nämlich nur, wenn wir gewohnt sind, auf ungewohnte Situationen – also auch auf Grenzerfahrungen – richtig zu reagieren, und wenn wir auf Grund anderer Erlebnisse schon wissen, was man in kritischen Fällen machen muss. Die positiven Erfahrungen sind zwar schön, aber die negativen fordern uns heraus und machen uns stark für die Zukunft. Wer aus seinen Fehlern lernt, der weiß, was es bedeutet, sich mit sich selbst auseinander zu setzen, der zeigt seine Fähigkeit, kreativ neue Methoden zu entwickeln, der beweist seine Ausdauer, der wird diese Schwäche in Zukunft vermeiden oder umgehen und der weiß, wie hart es sein kann, auch einmal zu verlieren. In diesem Sinn sind Misserfolgserfahrungen, die wir bewusst ausgewertet und durchlebt haben, eine ungeheure Chance, stark zu werden.

Die Unterbrechung unseres Alltags durch ein negatives Erlebnis kann darüber hinaus der Auslöser für eine dringend notwendige Richtungsänderung in unserem Leben werden. Denn kaum etwas ist gefährlicher als die Gewohnheit. Wenn wir uns in einem irgendwie funktionierenden Gefüge von Beziehungen, Anforderungen und Aufgaben eingenistet haben, fällt uns gar nicht mehr auf oder wollen wir gar nicht mehr wahrhaben, dass es möglicherweise hier oder da gewaltig bröckelt. Ein Aufrütteln durch einen Misserfolg kann der entscheidende Moment sein, um unter der abgeplatzten Fassade die Mängel am Fundament zu entdecken. Darum ist es auch so wichtig, sich in solchen Momenten Zeit für ein umfassendes Feedback zu nehmen, allein oder mit Freunden die Entwicklung vor dem Crash zu analysieren und dann zu schauen, was man in Zukunft anders machen könnte. Noch einmal: Die meisten Menschen scheuen sich so vor ihren Schwächen, dass sie sich auf diesen Prozess niemals einlassen würden und darum auch nicht vorankommen. Ein fehlerfreundlicher Menschentyp nimmt Fehler sehr ernst, gibt ihnen aber keine Macht über sich, sondern arbeitet gewissenhaft an ihnen, bis er den Schlüssel für eine positive Veränderung findet.

Bevor Sie weiterlesen, sollten Sie eine Grundentscheidung fällen: Wollen Sie sich darauf einlassen, Ihre Fehlbarkeit wirklich zu akzeptieren – und zwar mit allen Konsequenzen? Solange Sie noch das Gefühl haben, dass Fehler in Ihrem Leben eigentlich doch keinen Platz haben, werden Sie nicht offen mit ihnen umgehen können. Und um eines klarzustellen: Natürlich gibt es wichtige moralische, ethische, religiöse, gesellschaftliche oder private Gründe, bestimmte Handlungen so und nicht anders zu tun, bestimmte Fragen so und nicht anders zu beantworten. Aber darum geht es in diesem Buch gar nicht. Denn wir begehen Fehler – unabhängig davon, ob wir sehr strenge oder eher lockere Grundwerte haben. Und Sie sollen mit einer solchen Entscheidung für ein fehlerfreundliches Denken natürlich auch nicht aufgefordert werden, Fehler zu machen – das wäre absurd und würde sich sehr schnell als Quelle weiterer Fehlentscheidungen erweisen. Das, worum wir Sie bitten, ist, ehrlich anzuerkennen, dass Ihnen ohnehin immer wieder Fehler unterlaufen werden – ob Sie wollen oder nicht –, und dann mit dieser Grunderkenntnis in Frieden zu leben.

Fehler können Freunde oder Feinde sein.

Dahinter steckt eine ganz einfache Erfahrung: Fehler können Freunde oder Feinde sein.

▶ Wenn Fehler und Grenzen für Sie *Feinde* sind, dann werden Sie dadurch: selbstmitleidig, enttäuscht, ängstlich, hoffnungslos, traurig, unmotiviert, aggressiv und verbittert. Sie wollen Fehler mit allen Mitteln verhindern oder vertuschen, und Sie bleiben weiter in dem Irrglauben verhaftet, dass man gegen solche Schwächen nichts machen kann, außer sie krampfhaft verhindern zu wollen. Was in den meisten Fällen zu einer Zunahme an missglückten Situationen führt.

▶ Wenn Fehler und Grenzen für Sie *Freunde* sind, dann werden Sie dadurch: motiviert, mutig, realistisch, fröhlich, vorbereitet, hoffnungsvoll und kreativ. Sie lassen sich nicht aus der Ruhe bringen, sondern sehen in den Missgeschicken eine Aufforderung, intensiv an sich und Ihren Ecken und Kanten zu arbeiten. Sie leben selbstbewusst und ehrlich, werden von den Herausforderungen angespornt, und Sie drehen sich nicht nur um sich selbst, sondern erkennen, dass Sie Teil eines großen Ganzen sind.

Für diejenigen, die ihre Fehler und Grenzen zu Freunden erklären, sind diese eben kein Beinbruch mehr, sondern nur eine vorübergehende Flaute, auf die man reagieren kann. Solchen Menschen gelingt es dann auch leichter, die Schatten der Vergangenheit abzuwerfen, sich und anderen zu vergeben und nicht aus jeder Mücke einen Elefanten zu machen.

Die Erkenntnis, dass alle Menschen Fehler machen und Grenzen haben, erschreckt nur diejenigen, die gar nicht bereit sind, sich zu verändern. Dahinter steckt leider allzu oft ein erschreckendes, weil negatives Menschenbild. Und spätestens hier merken wir, dass es bei diesem Thema um viel mehr geht als um praktische Lebenshilfe. Es geht um elementare und existenzielle Fragen – und darum, ob man sich als ein geliebtes We-

sen verstehen kann und Gott als einen gnädigen, verge-
benden, guten Schöpfer betrachtet. Denn seine Fehler
eingestehen kann normalerweise nur ein Mensch, der
weiß, dass er wertvoll und geachtet ist, der eine Quelle
hat, aus der er, unabhängig von allen Fehlern und
Schwächen, sein Selbstvertrauen gewinnt, der sich seines Lebens sicher sein kann, auch wenn er sich über
seine Fähigkeiten im Unklaren ist. Und genau das
spricht Gott uns zu: dass wir als seine Geschöpfe trotz
all unserer Mängel wundervolle Menschen sind, die sich
auf seine Liebe verlassen können. Wie diese Zuneigung
Gottes konkret wird, das zeigt sich vor allem in den drei
wichtigsten Beziehungsangeboten beziehungsweise Zu-
sagen Gottes:

1. »Du bist kein Fehler, auch wenn du Fehler machst«
Das ist meist der Punkt, an dem wir am wenigsten dif-
ferenzieren können. Wir glauben, dass wir auch grundsätzlich falsch seien, weil wir etwas falsch gemacht haben. Wir halten unsere Existenz für gescheitert, weil wir
bei unseren Handlungen gescheitert sind. Gott sagt genau das Gegenteil: »Ich habe dich geschaffen, du bist
wertvoll und mein Ebenbild. Das ist das Wichtigste. Du
hast selbstbewusst den Weg in die Freiheit gewählt, und
deshalb wirst du immer wieder anecken, weil jede Entscheidung gute und schlechte Folgen haben kann. Nutze
diese Chance und versuche, das Beste aus den Begabungen zu machen, die ich dir geschenkt habe.« Die Gnade
Gottes verbindet die beiden wertvollen Pole »Liebe«
und »Unvollkommenheit«: Weil wir für ihn kein Fehler
sind, auch wenn wir Fehler machen, vergibt uns Gott
unser Versagen auch dann, wenn wir damit uns und anderen Schaden zufügen. Unsere Fehler verblassen vor
seiner unendlichen Liebe. Ein Mensch, der sich trotz
seiner Fehler und Grenzen geliebt weiß, der erfährt, was

Freiheit im Glauben bedeutet: nämlich nicht mehr abhängig davon zu sein, ob man im Alltag gewinnt oder verliert.

2. »Gestehe dir und anderen deine Fehler ein«

Lebensveränderungen gehen in der Bibel fast immer dann vor sich, wenn Menschen bereit sind, ihre Grenzen und Fehlentscheidungen einzugestehen. Und auch das bestätigt unsere Alltagserfahrung: Solange ein Mensch seine negativen Seiten verdrängt, ist er auch nicht bereit, sich zu verändern. Aus diesem Grund gehört zum Glauben und zu einem gesunden Kontakt mit Gott ein Eingestehen der eigenen Schwachheit dazu. Dabei geht es vor allem darum, den Stolz und die Angst vor den eigenen Abgründen zu überwinden und sich so zu sehen, wie man ist und wie Gott einen sieht. Wer das einmal erlebt hat, weiß, wie befreiend ein solcher Vorgang ist.

Von Anfang an gab es dazu das Element der Beichte. Die Beichte ist der Augenblick, in dem man Schwachheiten mit Gott und den Menschen teilt – und sie im gleichen Augenblick auch loslassen kann und befreit neue Wege geht. Dass die Beichte vielerorts mit unangenehmen, demütigenden Erfahrungen und zum Ritual gewordenen Abfrageaktionen identifiziert wird, ändert nichts daran, dass sie im Prinzip eines der wertvollsten Angebote einer Glaubensgemeinschaft ist, um diesen herrlichen Bewusstwerdungsprozess in Gang zu setzen. Wir müssen neue Formen finden, in denen Menschen sich so sicher und getragen wissen, dass sie leichten Herzens die Masken fallen lassen können.

3. »Du kannst dich verändern«

Die Bibel geht fest davon aus, dass es möglich ist, dazuzulernen. Jesus sagte zu einer Ehebrecherin, also einer Frau, die nach damaligem Verständnis eine der größten

Sünden begangen hatte, sehr kurz: »Geh und sündige hinfort nicht mehr!« Während wir den meisten Leuten, die uns enttäuscht haben, nicht zutrauen, dass sie sich grundlegend verändern können, traut Gott jedem zu, dass er sich irgendwann zum Positiven verändert, auch wenn er noch so oft gescheitert ist. Kaum jemand wurde öfter enttäuscht als Gott selbst, und doch kommt er immer wieder auf die Menschen zu, weil er fest davon überzeugt ist, dass sie das Potenzial zu einem gelingenden Leben in sich tragen.

Wir machen uns wahrscheinlich nur selten bewusst, wie viele Beziehungen es in der Welt gibt, die zerstört wurden, weil einer der Partner nicht mehr glauben will, dass der andere sich verändern kann. Und wir müssen uns natürlich auch selbst immer wieder fragen, wie festgefahren die Bahnen sind, in denen wir leben, oder ob wir das Gefühl haben, dass noch einmal alles ganz anders werden kann. Da, wo wir an Veränderungen glauben, werden sie auch möglich.

Ein Mensch, der diese drei Angebote Gottes für sich annehmen kann, wird mit seinen Fehlern und Grenzen produktiv umgehen können.

Bevor wir nun die verschiedenen Bereiche betrachten, in denen der Umgang mit Schwächen unser Dasein und die Gemeinschaft prägt, wollen wir noch kurz den Unterschied zwischen Grenzen und Fehlern definieren.

Grenzen haben mit unserem Sein zu tun, Fehler mit unserem Handeln

Wo unsere Grenzen sind, hängt mit unseren Veranlagungen, unserer Ausbildung, unserem Wissen, unserer Kultur und nicht zuletzt mit unserem Willen zusammen.

Viele Faktoren bestimmen die Möglichkeiten, die wir haben, etwas aus unserem Leben und dieser Welt zu machen. Daher können auch Grenzen überwunden werden, sofern sie denn beeinflussbar sind.

Bestimmte Grundvoraussetzungen sind uns aber in die Wiege gelegt worden oder nicht, und wer versucht, dagegen anzugehen, wird scheitern: Ein Einbeiniger wird kein Fußballstar in der Bundesliga, ein naturwissenschaftlich Unbegabter kein Physikprofessor, ein 50-Jähriger kein Mitglied einer Boygroup, ein Mensch mit Krächzstimme kein Opernstar und ein ungelenker Handwerker kein Kunstschmied. Wie man mit solchen Grenzen produktiv umgeht, zeigen wir jeweils zu Beginn der einzelnen Kapitel. Die Fehler dagegen, die sich in unsere Handlungen, Pläne und Ideen und Konzepte einschleichen, lassen sich leichter in etwas Gutes verwandeln, weil es dabei nur darauf ankommt, unsere Taten und die dazugehörigen Motive zu hinterfragen. Dazu finden Sie immer in einem zweiten Abschnitt einige Anregungen.

Wenn Fehler zu Freunden und Grenzen zu Hoffnungen werden, dann verändert sich das Leben. Wie unendlich gut das tut, zeigt das Glaubensbekenntnis von Dietrich Bonhoeffer, der als Todeskandidat im Gefängnis seine Begrenztheit in bitterer Form erfahren musste und dabei eine geistige Weite erlebte, die sogar seine Wärter verblüffte.

Ich glaube, dass Gott aus allem,
auch aus dem Bösesten,
Gutes entstehen lassen kann und will.
Dafür braucht er Menschen,
die sich alle Dinge zum Besten dienen lassen.

Ich glaube, dass Gott uns in jeder Notlage
so viel Widerstandskraft geben will,

wie wir brauchen.
Aber er gibt sie nicht im Voraus,
damit wir uns nicht auf uns selbst,
sondern allein auf ihn verlassen.

Ich glaube, dass auch unsere Fehler
und Irrtümer nicht vergeblich sind
und dass es für Gott nicht schwerer ist,
mit ihnen fertig zu werden,
als mit unseren vermeintlichen Guttaten.

Kapitel 1

Meine eigene Begrenztheit

*I*n diesem Kapitel lesen Sie, was passiert, wenn Sie
an Ihre persönlichen Grenzen kommen, und wie Sie
mit dieser Erfahrung produktiv umgehen können.
Wer erst einmal erkannt hat, dass Grenzen gesund und
förderlich sind, hat nämlich den ersten Schritt schon
getan. Das Eingestehen unserer Mängel fällt uns aber
sehr schwer, weil wir ja überzeugt sind, dass wir uns mit
dem Hang zur Grenzenlosigkeit einen Gefallen tun.
Nicht nur der Kranke am Teich Bethesda ist ein klares
Signal dafür, dass wir weniger ein verändertes Handeln
als eine veränderte Lebenseinstellung brauchen.

Mal ganz ehrlich: Wer von uns erfährt schon Grenzen? Natürlich, es gibt solche Typen, sogar nicht wenige, aber wir gehören doch nicht dazu! Oder doch? Nein! Wir denken, handeln und planen grenzenlos. Grenzen interessieren uns nicht. Wir leben zumindest in einer Zeit, in der Grenzen gesellschaftlich überhaupt kein Thema mehr sind oder zumindest keines mehr sein sollen. Wenn sie überhaupt erwähnt werden, dann weil sie »fallen« oder fallen sollen. Der Slogan des neuen Jahrtausends heißt: »Alles wird grenzenlos.« Der Euro, die Ländergrenzen, das Internet, die Politik, die Kultur, die Sprache, der Arbeitsmarkt oder der Handel. Das Traumziel heißt Globalität: Jeder hat zu allem etwas zu sagen, jedem etwas anzubieten, versteht von allem etwas und ist für alles zuständig. Nach den Jahrzehnten der Spezialisierung, in denen die meisten Menschen versuchten, vor allem in einem bestimmten Bereich, einer Nische gut zu sein, gehört es heute zum guten Ton, global zu denken.

Wer von Grenzen spricht, gar von seinen eigenen, der macht sich verdächtig. Gehen Sie doch einmal zu einem Vorstellungsgespräch und sagen Sie: »Meine Fähigkeiten sind begrenzt.« Sie werden entdecken, dass Personalchefs in der Lage sind, die Augenbrauen bis über den Haaransatz hochzuziehen. Allerdings müssen Sie sich dann auch sehr schnell nach etwas Neuem umsehen. Begrenztes Denken widerstrebt uns. Begrenztes Denken widerstrebt dem Zeitalter, in dem beinahe täglich eine seit Jahrtausenden bestehende Wissensgrenze überschritten und etwas bisher Undurchdringliches verstanden wird – denken Sie nur an die Gentechnik. Seit wir von der Aufklärung etwas zu viel des Guten haben, gilt Freiheit und damit Grenzenlosigkeit als höchstes Ideal eines gebildeten, selbstbewussten Menschen. Ich bin von nichts und niemandem abhängig. Ich bin meines eigenen Glückes Schmied, ich bin ein freier Herr in allen Dingen, ich muss mich vor niemandem rechtfertigen. Also habe ich auch keine Grenzen.

Kein Wunder, dass es uns so unendlich schwer fällt, über Grenzen zu reden. In mir hat sich richtig etwas gesträubt, dieses heiße Eisen anzupacken, weil ich doch der sein möchte, der als Pfarrer allen Menschen Mut macht, Grenzen zu überwinden, einer, der dazu beiträgt, dass Gottes Grenzenlosigkeit in dieser Welt sichtbar wird. Ist das nicht der Auftrag eines Predigers: den Leuten Mut zu machen? Sie mit den großen Verheißungen der Bibel vertraut zu machen? Ihnen bei der Entfaltung ihrer Persönlichkeit zu helfen? Und sie nicht auf ihre Grenzen anzusprechen? Das Problem ist aber, dass wir Grenzen eben nur dann sprengen können, wenn wir den Mut finden, sie wahrzunehmen und kritisch in Augenschein zu nehmen. Wir müssen erst einmal in die Tiefe, um das Fundament so vorzubereiten, dass es ein gesundes Wachstum aushält. Und darum müssen wir auch über unsere Grenzen reden.

Erstens: Bitte beschäftigen Sie sich mit Ihren Grenzen. Aber wie soll das gehen? Im Alltag gibt es dafür jedenfalls keine mir bekannte Kultur. Normalerweise gehören solche kritischen Fragen nicht zum Smalltalk auf Partys oder zum Plauschthema bei einem Glas Rotwein mit Freunden. Oder fällt Ihnen ein Gespräch ein, in dem Sie in letzter Zeit richtig offen und ehrlich über Ihre Grenzen gesprochen haben? Und zwar nicht, weil es ein Missgeschick gab, aus dem Sie sich mit einem flotten »Darin war ich noch nie gut« retten wollten, son-

> *Das Problem ist, dass wir Grenzen nur dann sprengen können, wenn wir den Mut finden, sie wahrzunehmen.*

dern weil Sie es einfach einmal ehrlich auf den Punkt gebracht haben:

- ▶ »Das kann ich nicht …«
- ▶ »Da weiß ich oft nicht weiter …«
- ▶ »Da bin ich immer schnell am Ende …«
- ▶ »Da versage ich regelmäßig …«

Wem haben Sie zuletzt eine persönliche Schwäche eingestanden? Mit wem haben Sie in den vergangenen Wochen offen über Ihre Ängste und Unsicherheiten gesprochen? Und zwar in einem Zusammenhang, in dem es eben nicht nur darum ging, äußerliche Probleme zu lösen, sondern in dem Ihre ganz persönlichen Defizite und Lebenszweifel zur Sprache kamen. Wahrscheinlich gab es bei Ihnen in letzter Zeit ein solches Gespräch nicht. Und wenn, dann gehören Sie zu einer seltenen Spezies reifer Menschen. Denn unsere Sprachlosigkeit ist nur die Spitze des Eisbergs: Ich treffe gerade in der Seelsorge immer wieder Leute, die noch niemals jemandem ihre wunden Punkte offenbart haben. Nach langem Winden öffnen sie sich einem Geistlichen, doch man spürt sofort, dass sie diese Not und dieses Leid zum ersten Mal in Worte fassen. Viele ältere Menschen sind in einer Zeit aufgewachsen, in der es auf Grund gesellschaftlicher Konventionen fast unmöglich war, persönliche Schwächen zu thematisieren. Natürlich: Hohn und Spott anderer über unsere Schwachheiten mussten wir alle schon erleben, denn andere Menschen scheuen sich nicht, uns – leider meist sehr verletzend – die Wahrheit zu sagen. Vielleicht ist auch und gerade das Gehänsel Dritter mit dafür verantwortlich, dass wir uns selbst gegenüber nicht ehrlich sein können; wir fürchten die Häme. Dabei ist unsere Angst davor, uns zu blamieren, doch völlig absurd. Wir sollten eines endlich verstehen:

Wer Grenzen eingestehen kann, der ist nicht schwach, der ist stark!

Trotzdem gilt noch immer: Über unsere Grenzen wollen wir nicht reden. Wir sind das nicht gewohnt, wir können das nicht und wir haben Angst vor den Folgen. Und gleichzeitig werden wir davon krank. Ein vielleicht etwas überspitztes, aber sehr treffendes Beispiel sind Alkoholiker oder andere Süchtige. Die meisten von ihnen können Hunderttausende von Beweisen dafür anbringen, dass sie gar nicht süchtig sind, auch wenn alle ihre Freunde und Bekannte dies längst erkannt haben. Jeder weiß und sieht, wie krank diese Menschen sind, sie selbst übrigens auch, aber sie bringen es nicht über sich, sich dies einzugestehen. Sie klammern sich verzweifelt an ihr letztes bisschen Selbstachtung und sorgen mit diesem falschen Stolz dafür, dass sie am Ende alles verlieren.

Die Angst vor der Grenze macht diese erst unüberwindlich.

Es wäre traumhaft, wenn wir eine Gesprächskultur entwickeln könnten, in der es nicht mehr peinlich ist, Grenzen einzugestehen, sondern gerade ein Zeichen von Mut und Souveränität. Aber das ist leichter gesagt als getan. Ich persönlich hasse es, über meine Schwächen und Grenzen zu reden, und ich denke, dass es vielen genauso geht. Überlegen Sie doch einmal, wie Sie in Ihrem Leben Formen für eine ehrliche Auseinandersetzung mit Ihren eher dunklen Seiten finden.

Zweitens: Wir alle kommen regelmäßig an unsere Grenzen. Das Schlimme ist: Die Grenzen sind und bleiben da, auch wenn wir sie verdrängen. Der Süchtige bleibt süchtig, auch wenn er es nicht eingesteht oder gerade *weil* er es nicht eingesteht. Aber auch in vielen anderen Bereichen erleben wir, dass wir eben nicht frei sind, sondern pausenlos mit inneren und äußeren Begrenzungen leben müssen. Unabhängig von bestimmten Fähigkeiten oder Qualifikationen stoßen wir permanent an Grenzen. Hier nur einige Beispiele, die wohl jeder kennt:

- ► Wir haben fast immer zu wenig Zeit, um all unsere Vorhaben auszuführen oder unsere Sehnsüchte zu erfüllen.
- ► Uns fehlt es in unendlich vielen Bereichen an Kompetenz und Wissen.
- ► Wir haben nur sehr selten die Macht, all das umzusetzen, was wir für richtig halten.
- ► Unsere Leistungsfähigkeit kommt regelmäßig an ihr Ende.
- ► Wir altern trotz Bodyshaping jeden Tag weiter.
- ► Unser Geld reicht nie für all die Wünsche und Ideen, die wir haben.

In diesem Zusammenhang kann man auch das Thema »Tod« nicht außen vor lassen. Der Tod ist unausweichlich – noch immer liegt die Todesrate weltweit bei 100 % (Jesus einmal ausgenommen) – und trotzdem gehören das Sterben und das Ende unserer irdischen Existenz zu den großen Tabuthemen unserer Gesellschaft.

Wer lebt, stößt an Grenzen. Und obwohl wir dies Tag für Tag erleben, haben wir eigentlich nie gelernt, darüber offen und ehrlich zu reden, geschweige denn damit vernünftig umzugehen. Wir bewegen uns tagein tagaus an unseren Grenzen oder dahinter, haben aber weder gelernt, dies verantwortlich zu tun, noch davon zu profitieren.

Was also machen wir mit diesen Grenzen? Ich möchte Ihnen dazu erst einmal einen Grundsatz erläutern, der das Komplexe der Situation deutlich macht:

Das Unangenehme an unseren Grenzen ist,
• *dass wir sie nicht klar erkennen und*
• *dass das Überschreiten einen hohen Tribut fordert.*

Natürlich können wir Grenzen überschreiten – wir machen es andauernd und bisweilen sind sie sogar dazu da –, aber dann bekommen wir zwei Probleme:

1. Wir wissen leider nie ganz genau, wo unsere Grenzen liegen. Und darum passiert es bisweilen, dass wir gar nicht merken, wie sehr wir uns schon seit längerem überstrapazieren. Der simple Satz »Ich bin mal wieder urlaubsreif« verrät schon viel über unsere Verfassung, meistens liegen die Probleme aber viel tiefer: Solange wir in einer bestimmten Stress- und Hektiksituation zurechtkommen müssen, treten Mechanismen in Kraft, die dafür sorgen, dass wir die Überanstrengung gar nicht wahrnehmen. Wir reden uns ein, dass alles in Ordnung sei, und wundern uns, dass man uns so oft sagt, wie müde wir aussehen. Wir leben so, dass es auf die Dauer nicht gut gehen kann, merken es aber meist erst dann, wenn es zu spät ist. Meine Frau ist sechs Monate lang jede Nacht mehrmals aufgestanden, um unseren Sohn zu stillen. Das Bewusstsein für diese Belastung kam erst, als sie wieder durchschlafen konnte und plötzlich spürte, was ihr die ganze Zeit gefehlt hat – an Schlaf, an Zeit, an Kraft, an Freiheit, an eigener Lebensgestaltung. Dass wir unsere Grenzen überschritten haben, merken wir also erst hinterher. Wenn wir zur Ruhe kommen oder zusammengebrochen sind.

Ich habe eine Zeit lang als Kurseelsorger in einer sehr noblen Rehaklinik gearbeitet. Dort saß in fast jedem Zimmer ein Mensch, der seine Grenzen so lange überschritten hatte, bis der Körper mit Hilfe eines Herzinfarktes, eines Schlaganfalles, einer Nierenkolik oder eines Bandscheibenvorfalls die Notbremse gezogen hatte. Und keiner dieser zusammengebrochenen Workaholics wollte eingestehen, dass er sich überfordert hatte. Einige Male waren Ehefrauen mit anwesend, und wenn ich diese fragte, was sie über die Krankheit ihrer Männer dachten, waren sich alle einig: »O ja, er übernimmt sich seit Jahren. Er schont sich nie. Aber wenn ich ihm das sage, hört er gar nicht erst zu.« Die Männer blickten meist sprachlos, weil sie sich selbst ihre Schwäche einfach nicht eingestehen konnten. Darum ist es so wichtig, sich eines klarzumachen: *Verantwortungsvoll leben können wir erst, wenn wir unsere Grenzen kennen.*

Verantwortungsvoll leben können wir erst, wenn wir unsere Grenzen kennen.

2. *Grenzen zu überschreiten ist nicht grundsätzlich tragisch,* im Gegenteil, wenn wir sie nicht ab und an überschreiten würden, wüssten wir ja gar nicht, wo sie liegen. Wie gefährlich eine Grenzüberschreitung ist, zeigt sich an ganz anderer Stelle: Das Überwinden einer natürlichen Barriere kostet viel Kraft, und zwar weil wir Bereiche betreten, die wir nicht mit unseren normalen Fähigkeiten bewältigen können. Und die Energie, die wir dafür benötigen, fehlt uns an anderer Stelle. Zum Beispiel in der Beziehung, in der Familie, in der Gesundheit, in der Ausgeglichenheit, in der Lebensqualität, im Beruf oder in der Freude. Grenzüberschreitungen sind teuer, und wir müssen sehr genau prüfen, womit wir sie finanzieren. Ehe wir uns versehen, hat uns ein falscher Ehrgeiz unendlich viel gekostet. Ich kenne eine ganze Reihe von Menschen – und Sie wahrscheinlich auch –, die über ihrer Karriere das Leben vergessen haben. Das ist vielleicht ein Klischee, aber leider eines, das allzu oft stimmt. Natürlich gibt es auch Menschen,

die investieren mehr, als ihnen gut tut, in ihre Familie, in einen privaten Rechtsstreit, in ein Hobby – bisweilen auch in die Kirche oder die Gemeinde. Diese Leute geben sich ganz in etwas hinein, woran ihr Herz hängt, und bezahlen dafür; und zwar mehr, als ihnen lieb ist. Wir verurteilen heute Sklavenarbeit und merken nicht, dass viele Menschen 80 Stunden in der Woche nach der Peitsche einer angeblich grenzenlosen Gesellschaft tanzen. Meinen Sie, diese Menschen würden das zugeben? In der Regel tun sie es nicht. Die häufigste Reaktion, die Sie hören, wenn Sie jemanden kritisieren, lautet: »Wenn ich erst einmal Abteilungsleiter bin, wenn ich erst einmal die Kinder großgezogen habe, wenn ich erst einmal meine Prüfung bestanden habe … dann kümmere ich mich auch um die anderen Bereiche meines Lebens.« Und das gelingt in den allerseltensten Fällen. Und irgendwann – wenn überhaupt – erkennen diese Menschen, dass sie ihr Leben auf einer falschen Denkweise aufgebaut haben, und wissen nicht mehr weiter. Weil zum Beispiel eine Familie, auf deren Kosten man zehn Jahre lang gelebt hat, oft nicht mehr zu reparieren ist. *Verantwortungsvoll leben können wir erst, wenn wir erkennen, womit wir unsere Grenzüberschreitungen finanzieren.*

Wer Grenzen überschreitet, geht ein Risiko ein. Solange er das kalkulieren kann, sei es ihm auch erlaubt. Aber wir dürfen dabei nicht vergessen, dass es einen guten Grund dafür gibt, dass unsere Kräfte und Begabungen nicht unendlich sind. Und daraus folgt meine erste Hauptthese:

Grenzen sind gesund!

Verantwortungsvoll leben können wir erst, wenn wir erkennen, womit wir unsere Grenzüberschreitungen finanzieren.

Wir brauchen Grenzen, und es ist gut, dass wir sie haben. Unsere Grenzen schützen uns vor unserer eigenen Überheblichkeit; sie sorgen dafür, dass ein Leben in natürlichen Bahnen verläuft. Darum ist es fast immer sehr heilsam, über seine Grenzen nachzudenken. »Ich habe Grenzen, damit ich mich nicht übernehme, sondern erkenne, was mir gut tut.« Eine solche Maxime ist sicher nicht zeitgemäß, aber sie ist entscheidend für das, was Jesus »ein Leben in Fülle« nennt. Gefüllt werden kann nämlich nur etwas, das Grenzen hat. Etwas Grenzenloses wird niemals voll, sprich: Ein nach grenzenlosem Dasein Trachtender wird niemals zufrieden. Je öfter wir unsere Grenzen eingestehen, desto leichter kann uns Gott ein Leben in Fülle schenken.

Über seine Grenzen zu reden ist nicht schwach, es ist gesund. Aber es erfordert natürlich, dass wir nicht nur unsere eigenen Träume und Interessen in den Mittelpunkt stellen, sondern auch fragen, was unser Verhalten für andere bedeutet. Für einen Christen wird das immer heißen, dass er Gottes Liebe in den Mittelpunkt stellt. Wer nicht sein Ego befriedigt, sondern sich als Teil der großen Geschichte Gottes mit den Menschen versteht, der ist auch in der Lage, über sich hinauszudenken. Sonst wäre ein Eingeständnis der eigenen Grenzen tatsächlich kaum zu ertragen. Wer sein ganzes Selbstbewusstsein aus sich selbst bezieht, muss schon sehr reif und weise sein, um zu verstehen, dass er besser und gesünder lebt, wenn er in allen Lebensbereichen und im Einklang mit anderen Erfüllung findet.

Wir haben viele schlaue Mechanismen entwickelt, um eine Auseinandersetzung mit unseren Grenzen zu umgehen. Je intelligenter ein Mensch ist, desto leichter kann er sich davon überzeugen, dass gerade er mit gutem Gewissen Raubbau an sich betreiben kann. Wir sind Meister der Selbsttäuschung. Ich selbst denke zum Beispiel viel zu oft, dass niemand diese oder jene Aufgabe so gut erledigen könnte wie ich. Also muss ich sie eben auch dann noch übernehmen, wenn ich längst die Grenze meiner Belastbarkeit erreicht habe. Dahinter steckt natürlich eine große Portion Überheblichkeit. Und die tut mir keineswegs gut. Noch einmal: Grenzen sind gesund. Und wer von sich immer mehr erwartet, als er leisten kann, der lebt ungesund. Wir nehmen uns oft so unendlich wichtig, dass wir ernsthaft glauben, das Heil der Welt hinge von uns ab. Und genau darum hat uns Gott auch viele Grenzen gegeben. Allen, die von sich immer zu viel erwarten, muss man eines einmal laut und deutlich sagen:

1. »Du Idealist musst nicht die Welt retten! Wenn du das glaubst, bist du größenwahnsinnig. Keiner von uns muss die Welt retten. Das hat Gott bereits getan.«
2. »Du Workaholic musst nicht die Firma schmeißen. Wenn deine Firma ohne dich zusammenbräche, hast du deinen Job ohnehin schlecht gemacht.«
3. »Du Mutter musst nicht die Verantwortung für die Familie tragen. Deine Kinder lernen viel von dir, aber sie werden auch ohne dich zu selbstständigen Persönlichkeiten.«
4. »Du Frommer musst nicht allein das Heil in die Welt bringen. Wir sind ein Leib mit vielen Gliedern und vielen, sich ergänzenden Gaben.«

Man könnte hier noch viele andere Beispiele anbringen, aber Sie verstehen sicher auch so, worum es mir geht. Vielleicht erkennen Sie aber gleichzeitig, was das größte Paradox beim Überschreiten unserer Grenzen ist: Wir meinen es gut! Wir haben in der Regel ganz hehre Beweggründe. Wir wollen doch nur das Beste! Das Beste für uns, für die Firma, für die Familie, für die Gesellschaft, für die Nation oder die ganze Welt. All die vielen Grenzüberschreiter haben sehr ernste Motivationen, hehre Ziele und große Träume. Und dabei vergessen sie, dass in einem Menschenleben Ausgeglichenheit die einzige Basis für besondere und dauerhafte Erfolge ist. Wer einseitig über seine Grenzen lebt, kann nur bis zu einem gewissen Maß wachsen, weil ihm dann an anderer Stelle das Fundament zusammenbricht. Fast alle Karrieretypen mit 70-Stunden-Woche betonen, dass sie das alles natürlich nur für ihre Familie tun. Doch damit belügen sie sich selbst. Die Familie würde liebend gern auf so manchen Luxus verzichten, wenn sie dafür den Vater häufiger zu Gesicht bekäme. Letztlich setzen wir uns also selbst unter Druck.

> *Wer einseitig über seine Grenzen lebt, kann nur bis zu einem gewissen Maß wachsen, weil ihm dann an anderer Stelle das Fundament zusammenbricht.*

Wir glauben, dass wir besser sein müssen, als wir es sind. Es gibt so viel zu tun, also packen wir es an, auch wenn wir es nicht packen können. Und dann stehen wir mit uns selbst im Wettstreit. Unsere Ideale gegen unsere Fähigkeiten. Bei Grenzstreitigkeiten, die wir in uns selber bewältigen müssen, können wir aber nur verlieren. Entweder ist die Grenze zu gut gesichert, wir vernachlässigen andere Grenzen oder wir gewinnen und werden doch nicht zufriedener.

Wie können wir gesund werden? Vor allem gibt es beim Umgang mit Grenzen zwei Bereiche, die man getrennt betrachten sollte:

MEINE Ziele jenseits meiner Grenzen

Es ist ganz natürlich, dass Menschen über sich hinausdenken, das zeichnet sie als vernunftbegabte Wesen aus. Darum ist es auch sinnvoll, sich Ziele zu stecken, die herausfordern. Allerdings gilt dabei: Jemand, der seine Grenzen kennt, kann auch einschätzen, wie weit er sich hinauswagt. Wer einfach utopische Träume hat, der leidet in den meisten Fällen an einer völlig falschen Selbsteinschätzung. Und die kann sehr gefährlich werden. Wenn wir ein überhöhtes Selbstbild haben und von uns Dinge erwarten, die wir nicht leisten können, dann geschieht es viel zu schnell, dass wir alles opfern, was unser Leben eigentlich wertvoll machen könnte. Es gibt so viele unbegabte Künstler, überforderte Studenten, vom Ehrgeiz getriebene Aufsteiger, die für den Traum von der großen Karriere oder andere fantastische Wünsche ihr gesamtes Dasein ruinieren. Grenzen sind gesund. Sie haben die Aufgabe, dafür zu sorgen, dass wir ein erfülltes, stimmiges Leben führen. Und das gelingt nur, wenn unsere Ziele uns nicht gänzlich überfordern oder wesentliche Teilbereiche unseres Lebens unberücksichtigt lassen.

In der Gemeindeaufbauforschung beschreibt man diesen Zustand gern mit dem Bild eines Fasses. Wenn die Gauben, die einzelnen Holzlatten eines Fasses, unterschiedlich lang sind, dann nützt es gar nichts, wenn zwei weit über den Rand hinausragen. Der Inhalt läuft immer an der niedrigsten Stelle heraus. Ein Fass, an dem ich eine Holzlatte besonders lang mache und andere verfaulen lasse, kann seine Funktion nicht mehr richtig erfüllen; es wird immer weniger Wasser aufnehmen. Genauso wenig nützt es, in einem Leben immer nur in einen Bereich zu investieren. Grenzüberschreitungen gelingen nur, wenn ich als ganzer Mensch wachse, wenn Körper,

Seele und Geist, Familie, Beruf und Freizeit, Glauben, Denken und Hoffen gleichermaßen gefördert werden.

Die Ziele ANDERER jenseits meiner Grenzen

Das Problem der Grenzüberschreitungen wird dann besonders tragisch, wenn wir meinen, den Anforderungen anderer genügen zu müssen. Die Schule, der Chef, die Gemeinde, der Verein, die Familie und Gott: Alle wollen etwas von uns. Wer andere unter Druck setzt, zerdrückt sie und raubt ihnen die Freiheit. Abgesehen davon, dass viele Getriebene die angeblichen Ansprüche Dritter als Alibi für ihre Manie vorschieben. Erwartungen von außen sind fast immer schädlich: Millionen von Eltern ahnen nicht, dass sie für das Scheitern ihrer Kinder verantwortlich sind, weil sie diese andauernd mit ihren Wünschen konfrontiert haben: »Mein Sohn muss ein guter Schüler sein. Meine Tochter soll mal studieren. Mein Sohn soll es mal besser haben als ich. Meine Tochter soll einen Mann mit hohem Einkommen heiraten.« Da stehen diese unglücklichen Kinder und merken, dass sie etwas sein sollen, das sie weder sein können noch sein wollen. Aber es müssen gar nicht die Eltern sein. Jeder Mensch lässt seine Träume auch von äußeren Faktoren bestimmen: den gesellschaftlichen Ansprüchen, dem Renommee eines Zieles, den Interessen des Partners oder der Konkurrenz. Darum sollten wir uns viel Zeit nehmen, um zu klären, woher eigentlich bestimmte Erwartungen kommen, die an uns gestellt werden. Jede Grenzüberschreitung, die nicht in uns selbst verankert ist, sondern andere Menschen zufrieden stellen soll, führt auf Dauer ins Unglück.

Natürlich kennt jeder Mensch Situationen, in denen er Dinge tun muss, weil sie von ihm gefordert werden.

Dann versucht man vergeblich, den zahlreichen Ansprüchen gerecht zu werden. Und das reibt auf. Es dauert aber meist sehr lange, bis wir den Mut aufbringen, solche Forderungen abzulehnen. Wir fühlen uns verpflichtet oder möchten andere Menschen nicht enttäuschen. Das Problem ist nur, dass wir uns viele dieser Zwänge nur einbilden.

Für mich ist in diesem Zusammenhang eine Erfahrung aus *GoSpecial*, unserem Gottesdienst für Kirchendistanzierte, sehr wichtig geworden. Anfangs wollte ich als Prediger beim so genannten »Kreuzverhör«, in dem die Gottesdienstbesucher Rückfragen an den Prediger stellen können, auf die Fragen immer eine richtige, theologisch korrekte, seelsorgerische und zugleich ganz persönliche Antwort geben. Wir haben dann etwas äußerst Verblüffendes festgestellt: Je häufiger der Prediger im Kreuzverhör offen zugibt, dass er leider zu einem Anliegen keine Antwort geben kann, desto wohlwollender werden die Kritiken der Fragenden. Keiner der Zuschauer hat jemals erwartet, dass ich alle Fragen beantworte – schon gar nicht in der erlaubten einen Minute. Für die Besucher ist es selbstverständlich, dass ein Mensch keine Wissensmaschine ist; nur ich selbst habe mich unter diesen Druck gesetzt. Die Gemeinde hat klar signalisiert: »Wir brauchen keine Supermänner und Superfrauen, wir brauchen ehrliche, authentische Menschen.«

Das gilt für viele Bereiche. Und es wird immer mehr Menschen geben, die eine solche Einstellung schätzen. Sagen Sie es, wenn Sie etwas nicht schaffen, und versprechen Sie nichts, das Sie nicht halten wollen und können. Solange die Erwartungen anderer uns überfordern, machen sie krank.

Was kann man also praktisch tun, um mit eigenen Grenzen bewusster umgehen zu können?

1. Grenzen herausfinden
Suchen Sie sich einen oder mehrere Menschen, mit denen Sie regelmäßig offen über Ihre Ängste, Schwächen und Probleme reden können. Am besten eine Person, zu der Sie großes Vertrauen haben und die dennoch so viel Distanz zu Ihnen hat, dass sie Ihr Leben möglichst objektiv von außen betrachten kann. Versuchen Sie dann, diese Grenzen auch einmal klar zu benennen (am besten sogar aufzuschreiben). Sie werden so entdecken, dass das Eingeständnis von Grenzen eine ungeheure Befreiung und gerade *kein* Zeichen von Schwachheit ist. Je öfter Sie solche Gespräche führen, desto selbstverständlicher wird es Ihnen werden, Ihre Ecken und Kanten als solche zu erkennen.

2. Grenzen wahrnehmen
Sich diese Grenzen einzugestehen heißt nicht nur, sie zu benennen, sondern damit auch anders zu leben als bisher: Ziehen Sie aus Ihren Erkenntnissen Konsequenzen. Sagen Sie deutlich »Nein«, wenn etwas Ihre Grenzen übersteigt, denn gewöhnlich neigen wir Menschen ja dazu, bei Grenzüberschreitungen anderer die Schuld zuzuschieben: »Was soll ich denn noch alles machen?« Überprüfen Sie Ihre Träume und Visionen darauf, und klären Sie, welche Grenzüberschreitungen Sie zu welchem Preis leisten wollen und können.

3. Grenzen akzeptieren
Genießen Sie Ihre Grenzen. Akzeptieren Sie, dass Sie einiges wirklich gut können und anderes nicht. Keiner ist allmächtig. Je deutlicher Sie die Bereiche bestimmen können, in denen Sie unbegabt sind, desto klarer können

Sie sich um die Fähigkeiten kümmern, die Sie besitzen. Sie werden merken: Es kann auch schön sein, etwas *nicht* zu können. Und das ist gewiss kein Freibrief für Trägheit oder Rückzug. Im Gegenteil: Wer seine Grenzen akzeptiert, der kann und wird vorsichtig und unverkrampft versuchen, sich zu entwickeln. Der wird bewusst wahrnehmen, welches Potenzial er tatsächlich hat. Und er wird sich aus ganzem Herzen über die Begabungen der anderen freuen.

Ich möchte Ihnen zum Umgang mit Grenzen am Ende dieses Kapitels gerne die neutestamentliche Geschichte von dem Kranken am Teich Bethesda erzählen, weil sie ein charakteristisches Beispiel für unser Thema ist. Es ist die Geschichte eines Mannes, der 38 Jahre lang in einer stinkenden, zugigen und von jammernden Menschen übervölkerten Halle lebt, weil er gesund werden will. Das klingt merkwürdig, doch die Hoffnung auf Heilung gibt dem Mann die Kraft, diese Qualen auszuhalten. Er leidet tatsächlich, weil er etwas Gutes will. Denn neben der Halle liegt ein kleiner See, eher ein gemauertes Becken mit einer Heilquelle, deren Wasser, wenn sich seine Oberfläche kräuselt, den ersten Badenden gesund macht.

Der Mann ist krank (vor allem lahm), er kann sich also nicht bewegen, aber er ist bei klarem Verstand. Bei so klarem Verstand, dass er ganz genau weiß, wie sinnlos sein Warten ist: »Ich bin lahm, ich werde nie zuerst am Wasser sein.« In der Halle sind Menschen mit den unterschiedlichsten Krankheiten, Aussätzige, Blinde, Gehörlose und viele mehr – und die meisten davon können laufen, so dass die Wahrscheinlichkeit, als Lahmer zuerst am Wasser zu sein, gegen Null geht. Und doch lässt sich der Behinderte nicht beirren: Die winzige Hoffnung, vielleicht doch einmal ganz vorne zu sein, lässt ihn 38 Jahre in einem Dreckloch zubringen. Als Jesus den Mann fragt, was er denn an so einem Ort mache, erklärt er seine Anwesenheit jedenfalls mit genau diesem Argument.

Für mich ist diese Geschichte ein Gleichnis für alle, die kein gesundes Verhältnis zu ihren Grenzen haben: Mancher hofft, irgendwann einmal der Erste zu sein, ganz nach vorne zu kommen – und ist bereit, dafür sein Leben wegzuschmeißen. Er will gesund werden, das heißt, seine Begrenzungen überwinden, und versäumt deshalb alles, was das Leben zu bieten hat.

Sieben Mal kommt im Text der biblischen Geschichte das Wort »gesund werden« vor. Der Mann will nur Gutes, er will geheilt werden, und er verpasst dabei das Leben. Dass er seine Lähmung, seine Begrenzung mit aller Kraft und voller Starrsinn überwinden will, schafft ihm mehr Grenzen als die Behinderung selbst. Ein Lahmer, der bei klarem Verstand ist, hätte ja viele Möglichkeiten, sein Dasein erfolgreich zu gestalten – der Mann aus der Geschichte aber verzichtet auf alles, weil er sich in die fixe Idee verbissen hat, er müsse seine Grenzen überwinden. Achten Sie einmal darauf, wie viele Menschen es gibt, die für eine fixe Idee das Wesentliche versäumen.

Noch ein anderer Aspekt wird in der Geschichte deutlich. Der Gelähmte sagt zu Jesus: »Herr, ich habe keinen Menschen, der mich in den Teich bringt, wenn das Wasser sich bewegt.« Woran liegt das? Die Antwort ist einfach und erschreckend zugleich: Wer seine Grenzen überschreitet, wird unendlich einsam. Da, wo jemand Teil einer Gemeinschaft ist, kann man nämlich Grenzen auch akzeptieren oder sich gegenseitig helfen, sie abzubauen. Wer sich aber in eine falsche Erwartung verbissen hat, der will auch nicht, dass man ihm sagt, er habe sich verrannt, und der isoliert sich immer mehr.

Jesus fragt den Mann: »Willst du gesund werden?« Und der Gelähmte, der seit 38 Jahren an nichts anderes mehr denkt als an sein Leid, ist so unglücklich, dass er sich nicht einmal traut, einfach »Ja« zu sagen, weil er dann seine Grenzen zugeben müsste. Er redet um den heißen Brei herum und macht etwas, das wir auch überall beobachten können, er gibt der Welt die Schuld: »Keiner hilft mir und irgendeiner ist immer schneller!« Seine Grenzen eingestehen zu können gehört also zu den schwierigsten und zugleich notwendigsten Herausforderungen unseres Lebens.

Jesus heilt den Mann trotz dessen Angst. Er sagt schlicht: »Steh auf und geh!« Grenzen annehmen heißt, mit ihnen sinnvoll umgehen zu können. Jesus gibt dem Kranken nicht nur die Beweglichkeit wieder, er beauftragt ihn vor allem, endlich dieses selbst errichtete Verlies zu verlassen und Teil der Gesellschaft zu werden. (Wie wichtig dieser Aspekt des Prozesses ist, erkennt man daran, dass der Frischgeheilte wenig später große Schwierigkeiten hat, sich wieder in die Gesellschaft zu integrieren.)

So zeigt die Geschichte vom Teich Bethesda zwei entscheidende Wege auf:

1. Kämpfen Sie nicht *gegen,* sondern *mit* Ihren Grenzen. Das heißt, führen Sie mit ihnen ein erfülltes Leben.
2. Sagen Sie zu Jesus: »Ja, ich habe meine Grenzen. Hilf du mir, sie zu überwinden.«

In der Bibel wird deutlich, dass bei Gott alle Dinge möglich sind: »Und sogleich wurde der Mensch gesund und nahm sein Bett und ging hin.«

Kapitel 2

Vom Umgang mit eigenen Fehlern

*I*n diesem Kapitel lesen Sie, warum Perfektionismus gerade nicht perfekt ist. Weil wir alle entscheidenden Fertigkeiten in unserem Leben durch »Versuch und Irrtum« lernen, sollte das Fehlermachen mit einem Adelsprädikat versehen werden. Wer sich irgendwann scheut, etwas Unvollkommenes zu gestalten, der wird in seiner Entwicklung stehen bleiben. Wie man mit seinen Schwächen so umgehen kann, dass sie zu Stärken werden, zeigt der Rat von Paulus an Timotheus, das Leben mit einem »Geist der Kraft, der Liebe und der Besonnenheit« zu gestalten.

Kennen Sie diese Perfektionisten? Die alles richtig und hundertfünfzigprozentig genau machen? Die immer Qualitätsarbeit abliefern? Die so lange tüfteln und machen und werkeln, bis auch die letzte Fehlerquelle fein säuberlich beseitigt wurde? Die nicht eher ruhen, bis alles in Hochglanz strahlt, auch wenn Sie schon seit 20 Minuten kein Staubkorn mehr erblickt haben? Vielleicht bewundern Sie diese Menschen sogar. Mir geht es jedenfalls manchmal so. Diese Gewissenhaftigkeit, diese Ausdauer, dieser Wille, es besonders gut zu machen, das ist schon beeindruckend. Aber wenn man hinter die Fassade eines Perfektionisten schaut, entdeckt man dort meist eine große Angst: die Angst, einen Fehler zu machen. Zeigen Sie mir einen Perfektionisten, und ich zeige Ihnen einen Menschen, der Angst hat.

Wenn man hinter die Fassade eines Perfektionisten schaut, entdeckt man dort meist eine große Angst: die Angst, einen Fehler zu machen.

Ich weiß, wovon ich rede, denn auch ich neige zum Perfektionismus. Wenn ich auf dem Computer einen Brief schreibe und einen Fehler entdecke, drucke ich die ganze Seite noch einmal neu aus. Ich ertrage es nicht, dass da ein Buchstabendreher oder ein Kommafehler spöttisch zu mir herauflacht. Denn was wird der Leser dieses Briefes von mir denken, wenn ich ein so einfaches Wort wie »Mensch« klein schreibe? Er wird mich für einen Analphabeten halten! Er wird denken, dass ich mein Examen in der Lotterie gewonnen habe! Und er wird vielleicht den gesamten Inhalt meines Briefes wegen dieses Tippfehlers nicht mehr ernst nehmen. Soweit ich mich erinnern kann, ist die Zeit *vor* den Computern, in der man bei einem noch so kleinen Fehler jedes Dokument komplett neu tippen musste, nichts anderes als die Vorhölle gewesen.

Wegen meines Perfektionismus kann ich auch oft die Termine meiner Veröffentlichungen nicht einhalten. Und meine Predigten beschäftigen mich noch am Sonntagmorgen, ganz egal, wann ich damit angefangen habe. Weil ich es ganz genau machen will. Weil ich Sorge dafür tragen möchte, dass man mich auf keinen Fall missverstehen kann und dass ich auf keinen Fall etwas Falsches sage, ja, nicht einmal etwas sage, das man falsch verstehen *könnte!* Ich bemühe mich also sehr, damit alles hundertfünfzigprozentig ist! Und das Ergebnis? Ist es all die Mühe wert? Nein, überhaupt nicht. Ich werde trotzdem permanent falsch verstanden. Manchmal versuche ich, ein Missverständnis dadurch aufzuklären, dass ich eine bei der Vorbereitung wieder verworfene Formulierung zu Hilfe nehme, und muss dann mit Erschrecken hören: »Ja, hätten Sie es so gesagt, dann hätte ich es sofort verstanden.« Das endlose Feilen hat häufig alles schlimmer und nicht verständlicher gemacht. Und obwohl ich es mittlerweile eigentlich besser wissen müsste, obwohl ich mittlerweile die Sinnlosigkeit dieses Unterfangens eingesehen haben müsste, läuft in mir immer wieder dasselbe Programm ab: »Mach keine Fehler. Sorge dafür, dass die Leute nicht einmal denken, dass du einen Fehler gemacht hast.«

Woran liegt das? Das liegt daran, dass ich zusammen mit vielen anderen Menschen in dieser Gesellschaft schon von früh auf gelernt habe, Fehler für etwas Schlimmes zu halten. Ich glaube, dass sich in den Köpfen der meisten Menschen eine Art Kassettenrecorder einschaltet und ein Band abgespult wird, wenn sie einen Fehler gemacht haben: »Jetzt hab ich etwas falsch gemacht. Jetzt hab ich etwas Schlimmes gemacht. Jetzt muss ich mich entschuldigen. Hätte ich das doch nicht gemacht! Was werden jetzt die anderen denken? Wahrscheinlich werden sie merken, dass ich ein Versager bin. Das lerne ich nie.« Ich nehme an, Sie kennen dieses widerliche Band.

Es kann natürlich auch sein, dass Sie diese Stimme in Ihrem Inneren nicht kennen. Dann danken Sie Gott dafür. In den Gehirnen der meisten Menschen läuft aber etwas Ähnliches ab, sobald sie einen Fehler begangen haben. Und das hat Gründe: Wenn wir als Kinder einen Fehler machten, schimpfte die Mutter, der Vater schaute missbilligend, die Klassenkameraden lachten uns aus, der Lehrer seufzte, wir taten uns weh oder was auch immer. So haben wir früh gelernt, dass wir unter allen Umständen versuchen müssen, Fehler zu vermeiden.

Aber diese Haltung ist falsch. *Ich halte es für einen Fehler,* keine *Fehler zu machen.* Denn Fehler zu machen ist die einzige Art, etwas zu lernen. Wie oft sind Sie hingefallen, bevor Sie laufen oder Rad fahren gelernt haben? Wie oft haben Sie Buchstaben falsch geschrieben, spiegelverkehrt, verwechselt, vertauscht, bis Sie richtig schreiben konnten? Wir oft haben Sie bei einem Musikinstrument daneben gegriffen, bis die ersten wirklich schönen Melodien hervorkamen? Wie oft haben Sie im Schach auf Grund einer Fehlentscheidung verloren, bis Sie selbst in der Lage waren, weit reichende Strategien zu entwickeln? Wir alle lernen nur durch Versuch und Irrtum! Und wer aufhört, Fehler zu machen, hört auf zu lernen, hört auf zu wachsen, hört auf zu leben.

Ein erfolgreicher Geschäftsmann wurde einmal von einem jungen Mann gefragt, was das Geheimnis seines Erfolges sei. »Richtige Entscheidungen«, antwortete dieser. Der junge Mann ließ nicht locker und sagte: »Ja, aber wie trifft man die richtigen Entscheidungen?« – »Erfahrung«, antwortete der erfolgreiche Geschäftsmann. »Und wie gewinnt man an Erfahrung?« Da lächelte der Geschäftsmann und sagte: »Falsche Entscheidungen.«

In dieser Geschichte steckt eine tiefe Lebensweisheit: Richtige Entscheidungen sind entweder Zufall oder das Resultat von Erfahrung, und Erfahrung ist das Resultat falscher Entscheidungen. Wer Fehler vermeiden möchte, nimmt sich selbst die Chance, weiser zu werden, ja, er nimmt sich sogar die Chance, in Zukunft weniger Fehler zu machen. Nur wenn wir Fehler als Grundlage für unser Wachstum sehen, kommen wir weiter.

Richtige Entscheidungen sind entweder Zufall oder das Resultat von Erfahrung, und Erfahrung ist das Resultat falscher Entscheidungen.

Ich möchte Ihnen vier Hinweise geben, wie wir angemessen mit eigenen Fehlern umgehen können.

Hinweis Nr. 1:
Unterscheiden Sie zwischen Fehlern und Sünde!

Fehler sind keine Sünde! Einen Fehler zu machen ist weder ein moralisches noch ein religiöses Delikt. Fehler sind Bestandteil eines normalen Lebens. Um es ganz deutlich zu sagen: Ein Fehler ist nichts, wofür Sie sich entschuldigen müssten. Denn eine Entschuldigung ist nur dort angebracht, wo tatsächlich Schuld vorliegt, ein Fehler aber ist keine Schuld. Stellen Sie sich ein Kind vor, das Rad fahren lernt und sich jedes Mal, wenn es hinfällt, entschuldigt. Oder einen Formel-1-Fahrer, der nach jedem Fahrfehler sagt: »Oh, tut mir Leid!« Nein, er hat keinen Grund, sich zu entschuldigen, und er hat auch keinen Grund, Schuldgefühle zu entwickeln.

Ich halte sehr viel davon, dass man einen Fehler, den

man begangen hat, zugibt und gegebenenfalls auch bedauert. Und wenn man unbedachterweise einen anderen Menschen verletzt hat, schadet es auch nichts, die Sache wieder ins Reine zu bringen. Aber ich halte sehr wenig davon, dass man sich für einen Fehler entschuldigt.

Lassen Sie mich den Unterschied noch einmal klarmachen: *Sünde* ist, wenn ich gegen ein klares Gebot Gottes verstoße. Sünde liegt dort vor, wo ich lieblos handle: lieblos gegenüber Gott, lieblos gegenüber meinem Nächsten, lieblos gegenüber mir selbst. Ein *Fehler* hingegen liegt dort vor, wo ich aus mangelndem Wissen oder mangelndem Vermögen heraus Dinge sage, entscheide oder tue, die sich erst im Nachhinein als falsch erweisen. Etwas plakativ gesagt: Bei der Sünde weiß man vorher, dass man etwas falsch macht, bei einem Fehler weiß man es erst hinterher. Bei der Sünde spielt immer Lieblosigkeit eine Rolle. Ein Fehler dagegen hat überhaupt nichts mit Lieblosigkeit zu tun, sondern kann aus den besten Absichten heraus geschehen. Darum ist es nicht nur falsch, sondern auch äußerst grausam, jemanden aus geistlichen Motiven heraus zu verurteilen, wenn dieser etwas falsch gemacht hat.

Wenn Sie das nächste Mal einen Fehler machen und sich der Kassettenrecorder in Ihrem Kopf einschaltet, überlegen Sie: »Habe ich das, was ich getan habe, gemacht, obwohl ich wusste, dass Gottes Gebot dagegen sprach? War es lieblos, was ich getan habe? War mir klar, dass ich damit andere verletzen würde? Bin ich das Risiko eingegangen, Schaden anzurichten, obwohl ich ahnte, was passieren könnte?« Und wenn die Antwort in allen Fällen »Nein« lautet, dann schalten Sie den Rekorder ab und sagen sich: »Es war ein Fehler, mehr aber auch nicht. Es war eine Lernstufe. Kein Grund, mich selbst zu verurteilen, kein Grund, darüber zu reflektieren, was andere jetzt von mir denken.«

Hinweis Nr. 2: Lernen Sie aus Ihren Fehlern!

Ich habe eben von Perfektionisten gesprochen. Wissen Sie, warum der Perfektionist eigentlich ein Verlierer ist? Weil das Konzept der Perfektion nicht mit der Realität übereinstimmt. Wir sind nicht perfekt, und auch das, was wir tun, ist nie perfekt. Alles kann verbessert werden, wenn wir nur lange und kritisch genug hinschauen. Es kann sein, dass ich einen fehlerfreien Brief schreibe, aber könnte man nicht doch noch an der Formulierung arbeiten, eine schönere Schriftart wählen, einen ansprechenderen Briefkopf suchen? Sollte man nicht auch noch die soziale Herkunft des Empfängers und seine Ängste und Sehnsüchte studieren, bevor man sich auf eine endgültige Formulierung festlegt? Könnte ich vielleicht mit einem farbigen Briefpapier mein Anliegen noch unterstreichen? Albert Camus erzählt in seinem Roman »Die Pest« von einem Autoren, der sich vorgenommen hat, für sein Buch den besten Anfangssatz aller Zeiten zu schreiben und der so viele Jahre an der Formulierung feilt, dass er zum Zeitpunkt seines Todes nicht über den ersten Satz hinausgekommen ist.

Jede Arbeit, jede Person, jede Idee, jedes Kunstwerk, jede Erfahrung kann korrigiert und optimiert werden. Vollkommenheit ist eine Illusion, darum wird der Perfektionist immer auf der Verliererstraße sein, ganz egal, was er macht. Wer glaubt, dass er etwas Perfektes hervorbringen kann, der unterliegt einem Irrtum.

Wir sind alle fehlbare Menschen. Und das ist keine Entschuldigung für Lieblosigkeit und Sünde. Es ist auch keine Entschuldigung dafür, dass jemand immer wieder in die gleiche Grube fällt. Ein Fehler, den ich immer und immer wieder begehe, ohne mich darum zu kümmern, kann natürlich zur Sünde werden, dann ist aber nicht der Fehler die Sünde, sondern die Lieblosigkeit gegenüber meinen Nächsten. Es gilt die Herausforderung, aus Fehlern und Irrtümern zu lernen und daran zu denken, dass Fehler das Medium sind, durch das wir lernen. Dafür sind Fehler gut. Fehler haben eine gute und wichtige Funktion in unserem Leben.

Wir lernen allerdings nur aus Fehlern, wenn wir bereit sind, diese zuzugeben, denn aus einem Fehler, den ich nicht als solchen erkenne, kann ich auch nichts lernen. Und das ist häufig unser Problem: Wir neigen dazu, Fehler zu leugnen und abzustreiten. Wenn mir jemand sagt, ich hätte einen Fehler gemacht, schalten sich automatisch meine Abwehrmechanismen ein. Und ich bin mir sicher, dass ich nicht der Einzige bin, dem es so geht. Dabei rede ich gar nicht von unsachgemäßer Kritik. 80 % der an mir geübten Kritik ist sicherlich unsachgemäß (rede ich mir jedenfalls gerne ein), aber manchmal ist ja auch etwas unverkennbar Wahres daran. Aber selbst das lassen wir nicht an uns heran. Wir sehen in der Kritik nicht eine Chance zu lernen, sondern einen Angriff auf unser Selbstbild.

> *Wir sehen in der Kritik nicht eine Chance zu lernen, sondern einen Angriff auf unser Selbstbild.*

Wir haben einen Gott, der uns nicht nur unsere Fehler, sondern sogar unsere Sünde vergibt! Wenn uns das wirklich klar wäre, wenn wir das *wirklich* glauben würden, wie viel leichter würde es uns fallen, mit unseren Fehlern zu leben und sie konstruktiv für unser Leben zu nutzen.

Nur jemand, der sich auf völlig eingefahrenen Gleisen bewegt, macht keine Fehler mehr. Er befindet sich auf der sicheren Seite und riskiert nichts. Aber hoffentlich merkt er früh genug, dass er eigentlich in einem Verlies sitzt. Natürlich: Wer so eingeschränkte Möglichkeiten hat, der kann auch kaum einen Fehler machen.

Ein solches Leben ist aber unendlich arm. Für Jesus verkörperten die Schriftgelehrten diese Gattung Mensch, die aus lebensfördernden Geboten ein kaltes Regelwerk gemacht hatten, das man wie eine Gebrauchsanweisung lesen und wie ein Roboter einhalten musste. Wer so mit dem Dasein umgeht, der hemmt jede Lebendigkeit, jeden Fortschritt und jede Zukunft. Fehlervermeidung als Lebensmaxime ist unmenschlich und verächtlich.

Im Grund brauchen wir einen Paradigmenwechsel: *Einen Fehler gemacht zu haben ist ein Adelsprädikat!* Es ist ein Zeichen, dass wir noch leben, dass wir an uns arbeiten, unbekannte Wege ausprobieren, Neuland erforschen, unsere Fähigkeiten ausprobieren, eingefahrene Gleise verlassen und an die Entwicklung der Gesellschaft und die fortlaufende Geschichte Gottes mit den Menschen glauben! Alles andere ist Stillstand. Ein Fehler ist eine großartige Möglichkeit, hinzuzulernen, Erfahrungen zu machen und auf Grund dieser Erfahrungen später dort einmal richtige Entscheidungen zu treffen, wo wir heute eine falsche Entscheidung getroffen haben.

Hinweis Nr. 3:
Versuchen Sie nicht, perfekt zu sein!

Ich persönlich arbeite daran. Ich habe erkannt, dass Perfektionismus Sünde ist! Kein Fehler, sondern Sünde. Ich lege immer noch hohen Wert auf qualitativ gute Arbeit, auf eine Arbeit, die Gott und die Menschen ehrt, mit denen ich zu tun habe. Ich will aber keine Arbeit mehr leisten, die lediglich den Sinn hat, einem falschen Ideal und einem krankhaften Selbstbild zu dienen. Ich möchte nicht meinen Vorstellungen, sondern denen Gottes genügen. Gott freut sich zwar, wenn wir für ihn das Beste geben, aber er möchte nicht, dass dabei unser Ehrgeiz die Oberhand behält. Vor Gott ist das Wollen wahrhaft entscheidender als das Vollbringen.

Ich habe mir dazu ein Lernprogramm auferlegt: Nach meiner letzten Studienreise beschloss ich, die Zeit zur Predigtvorbereitung zu halbieren. Das habe ich bis jetzt auch durchgehalten. Natürlich komme ich manchmal ein wenig ins Schwitzen, wenn ich sehe, wie holzschnittartig manche Thesen noch klingen, aber insgesamt habe ich trotzdem nicht den Eindruck bekommen, dass meine Predigten schlechter geworden seien. Im Gegenteil: Manche Formulierung lebt von der Frische und der Spontaneität, die ich hineingelegt habe.

Aber die größte Herausforderung habe ich noch vor mir: Ich werde eines Tages im Gemeindeblatt oder in meinen am Ausgang liegenden Predigtthesen mit voller Absicht gleich in die Überschrift einen dicken Druckfehler einbauen, so dass ihn jeder sieht. Vor allem, weil ich sicher sein kann, dass meine Texte dann so aufmerksam gelesen werden wie nie zuvor. Wenn dort statt »Preist den Herrn!« »Preiselbeeren« steht, werden alle versuchen, den tieferen Sinn dahinter zu finden. Ich gestehe, dass ich die geistliche Reife dazu noch nicht habe. Es würde mir im Augenblick wirklich noch etwas ausmachen. Aber eines Tages …

Nehmen wir eigentlich ernst, was wir in der Einleitung in den Worten Dietrich Bonhoeffers gelesen haben: »Ich glaube, dass auch unsere Fehler und Irrtümer nicht vergeblich sind und dass es Gott nicht schwerer ist, mit ihnen fertig zu werden, als mit unseren vermeintlichen Guttaten«? Das ist ein großartiger Satz, der es wert ist, dass wir ihn uns alle über den Schreibtisch hängen. Er ist ungemein entlastend, wenn wir Fehler machen. Nicht Perfektion sollte das Maß unserer Arbeit sein, sondern die Fähigkeit, Gott unsere Fehler hinzuhalten und ihn daran arbeiten zu lassen. Paulus schreibt: »Denen, die

Gott lieben, dienen alle Dinge zum Besten« (Röm 8,28). Das ist kein Plädoyer, nicht mehr dazuzulernen, wohl aber eines dafür, sich von begangenen oder noch möglichen Fehlern nicht mehr lähmen zu lassen, sondern sie Gott hinzuhalten und darauf zu vertrauen, dass es für ihn kein Problem darstellt, daraus etwas für uns Gutes zu machen, ganz genauso, als hätten wir eine Spitzenleistung abgeliefert.

Hinweis Nr. 4:
Führen Sie positive Selbstgespräche!

Ich komme noch einmal auf diesen Kassettenrecorder zurück, der sich in unserem Kopf befindet. Das Tonband hat so unheilvolle Konsequenzen für unser Leben, aber wir können es kaum abstellen! Und es wirkt mächtiger, als wir ahnen: Unsere Gedanken prägen unser Empfinden und dadurch auch unser Handeln. Darum ist es so wichtig, wie wir zu uns selbst reden. In jedem von uns findet ein permanentes Zwiegespräch statt, ob bewusst oder unbewusst, ob offen oder versteckt. Manchmal sind diese inneren Unterhaltungen vernünftig und sachlich, aber oft sind sie einfach nur chaotisch, destruktiv und verurteilend. Und solche inneren Zwiegespräche blockieren uns. Wir werten unser Handeln pausenlos und geraten dabei in die Gefahr, uns an Stellen zu verurteilen und zu verdammen, an denen es überhaupt nicht angebracht ist.

Timotheus war ein Mensch, der häufig von Selbstzweifeln geplagt wurde. Er war ein Schüler von Paulus, assistierte diesem zunächst bei seinen Diensten und bekam dann in jungen Jahren die Leitung der recht großen Gemeinde in Ephesus anvertraut. Und damals war es auch nicht anders als heute: Es gab eine Menge Leute, die seiner Jugend misstrauten: »Der hat doch gar nicht die Erfahrung, die man braucht, um eine Gemeinde zu leiten«, es gab »altbewährte Mitarbeiter« in der Gemeinde, die sich plötzlich von diesem »Jungspund« an den Rand gedrängt fühlten, der sicher einiges anders machen wollte, und es gab eine starke Opposition. Und Timotheus ließ sich davon sehr stark beeindrucken. War er nicht wirklich noch jung? Und hatte er nicht wirklich Fehler gemacht? Hatten seine Kritiker nicht Recht?

Das ist der Kontext der beiden Briefe von Paulus an Timotheus. Der Apostel gibt seinem Schüler Anweisungen, wie man eine Gemeinde leiten muss, und er versucht, ihn persönlich zu stärken. Im 2. Timotheusbrief, Kapitel 1, Verse 6–7 heißt es:

> »Ich erinnere dich daran, dass du die Gabe Gottes erweckst, die in dir ist. Du hast sie bekommen, als ich dir segnend die Hände auflegte. Denn Gott hat uns nicht den Geist der Furcht gegeben, sondern den Geist der Kraft, der Liebe und der Besonnenheit.«

Ich glaube, das ist genau das, was wir brauchen, wenn andere uns Fehler vorwerfen oder wenn wir von Selbstzweifeln geplagt werden und in Gefahr geraten, uns durch unsere Selbstgespräche zu blockieren: den Geist der Kraft, der Liebe und der Besonnenheit. Wir dürfen uns eben gerade *nicht* in eine negative Blockade bugsieren lassen, sondern müssen einen positiven Weg suchen, wie wir mit unseren Ängsten und Zweifeln zurechtkommen.

Was bedeutet das im Einzelnen?

1. Gott gibt uns den Geist der Kraft: Wir sollen fest stehen angesichts von Kritik, die von außen an uns herangetragen wird, aber auch angesichts von Kritik, die wir ständig und in oftmals ungesunder Weise an uns selbst üben. Fehler sind menschlich, und wer sich davon aus der Bahn werfen lässt, gibt ihnen erst die Macht, die sie gerade *nicht* haben sollten. Natürlich empfiehlt es sich, Kritik nicht einfach abzuschmettern, sondern sie als Anfrage ernst zu nehmen und darauf zu reagieren. Wer einen Fehler aber als Infragestellung seines ganzes Wesens empfindet, der ist nicht stark, sondern schwach.

2. *Gott gibt uns den Geist der Liebe:* Wir sollen Liebe üben, gerade im Umgang mit unseren Kritikern. Ich selbst habe die Angewohnheit, gelegentlich ausgesprochen spöttisch zu sein oder auch relativ kalt. Der Geist der Kraft ist wichtig. Aber Kraft darf nicht bedeuten, dass wir angesichts von Kritik kalt oder lieblos werden. Darum brauchen wir den Geist der Liebe. Denn ich kenne viele Menschen mit einer starken Persönlichkeit, denen im Umgang mit ihren Nächsten Liebe fehlt. Und ich kenne ebenso viele Menschen, die sehr, sehr lieb sind, aber nicht die Kraft und die Fähigkeit besitzen, Kritik auszuhalten und in eine Herausforderung zu verwandeln. Darum gehören der Geist der Liebe und der Geist der Kraft zusammen. Sie ergänzen sich und bewahren uns vor einer falschen Vereinseitigung.

Aber es gibt noch einen weiteren Grund, warum wir den Geist der Liebe brauchen: um liebevoll mit uns selbst umzugehen. Es ist schwer, liebevoll mit anderen umzugehen. Aber manchmal ist es noch schwerer, liebevoll mit sich selbst umzugehen. Ich erschrecke oft, wenn ich sehe, wie viele Menschen sich selbst ausgesprochen schlecht behandeln. Sie beschimpfen sich selbst, sie demütigen sich selbst, sie quälen sich selbst. Und ich denke, wer erkannt hat, wie sehr Gott ihn liebt, wird mit solchen Verhaltensmustern brechen. Und da wir das aus eigener Kraft nicht schaffen, brauchen wir Gottes Geist der Liebe.

3. Gott gibt uns den Geist der Besonnenheit. Besonnenheit, das heißt Kontrolle über die eigene Gedankenwelt. Hier geht es um gedankliche Selbstdisziplin. Sich und andere nicht in Gedanken herunterzusetzen, sondern sich in den eigenen Gedanken klar an den Möglichkeiten Gottes zu orientieren. Wie Timotheus sollen wir uns keine destruktiven Selbstgespräche erlauben, sondern uns daran erinnern, dass wir Kinder Gottes sind, berufen, befähigt und geliebt. Niemand hat das Recht, uns einzureden, wir seien minderwertig. Den Geist der Besonnenheit zu haben bedeutet, sich an den Verheißungen Gottes zu orientieren und sich nicht ständig selbst zu terrorisieren. Und unseren Kritikern nicht das Recht einzuräumen, unser Selbstwertgefühl zu sabotieren!

Versuchen Sie ganz konkret, diesen Geist der Kraft, der Liebe und der Besonnenheit in Ihrem Leben zu entwickeln. Lernen Sie, mit Kritik konstruktiv umzugehen und sich nicht davon klein machen zu lassen, trennen Sie die Kritik von der Person, behandeln Sie auch Ihre schlimmsten Gegner mit Liebe und Freundlichkeit, und denken Sie immer daran, dass Sie in Gottes Hand geborgen sind. Leben Sie in dieser Gelassenheit besonnen und mutig, und wagen Sie es, an den Rückmeldungen, die Sie klein machen wollen, zu wachsen.

Das bedeutet jedoch nicht, dass sich, wenn Sie diese Grundlebenseinstellung, diesen Geist Gottes, suchen, von heute auf morgen alles ändert. Es kann sein, dass Sie, wie Timotheus von Paulus, öfter einmal daran erinnert werden müssen, diese Gabe, die in Sie hineingelegt wurde, auch zum Leben zu erwecken. Aber es wird schon morgen mehr da sein als heute. So wie jemand einmal gesagt hat: »Ich bin nicht, was ich sein könnte. Ich bin auch nicht, was ich sein sollte. Aber ich bin auch nicht mehr, was ich einst war. Denn Gott arbeitet an mir.«

Kapitel 3

Die Grenzen der anderen

*I*n diesem Kapitel lesen Sie, warum es so schnell zu
Missstimmigkeiten kommt, wenn Sie mit den Grenzen anderer Menschen umgehen müssen. Vor allem
werden Sie die verblüffende Entdeckung machen, dass
unser Verhalten in vielen Fällen für das Versagen unserer Mitmenschen mit verantwortlich ist. Jesus zeigt seinen Gesprächspartnern immer wieder auf, dass sie letztlich an ihren eigenen Grenzen scheitern, wenn sie die
Grenzen anderer hervorheben. Vor allem seine Begegnung mit der wütenden Menge, die eine Ehebrecherin
steinigen will, macht deutlich, welche Voraussetzungen
wir brauchen, um mit den vermeintlichen Mängeln anderer gut leben zu können.

Da, wo niemals Grenzen überschritten werden, kommt es auch nicht zu Konflikten. Das gilt sowohl für Prozesse, die in uns ablaufen, als auch für zwischenmenschliche Beziehungen. Es gibt viele Gemeinschaften, Institutionen, Kreise, Vereine, Verbände oder Gemeinden, in denen sich alle Mitglieder auf ein bestimmtes Verhalten geeinigt haben, jeder die klar gesteckten Grenzen kennt und sich danach richtet, so dass es nur selten zu Missstimmungen kommt. Und wenn doch einmal jemand das ungeschriebene Gesetz verletzt, bricht eine allgemeine Empörung aus. Das können alle bestätigen, die schon einmal absichtlich oder unbewusst die Regeln einer Gemeinschaft verletzt haben. Letztlich werden wir natürlich auch als Mitglieder einer Volksgemeinschaft immer von deren Vorgaben geprägt. Selbst diejenigen, die sich auf ihre Freiheit berufen, gehorchen gesellschaftlichen Konventionen. Das ist der Regelfall.

Wie wir oben schon ausgeführt haben, ist aber ein Leben, in dem keine Grenzen überschritten werden, unendlich langweilig, einsam, ja bisweilen fast wie tot. Und das gilt besonders für gesunde Beziehungen. Denn eigentlich sehnen wir uns danach, Grenzerfahrungen zu machen und andere daran teilhaben zu lassen. Man hat in verschiedenen Untersuchungen Menschen befragt, welche Momente die wichtigsten ihres Lebens waren, welche Augenblicke zu den unvergesslichen und wegweisenden Marken ihres Werdegangs gehören – und die Antworten hatten immer etwas mit dem Überschreiten von Grenzen in Gemeinschaft mit anderen zu tun. Die Hochzeit, eine Prüfung, ein überstandener Unfall, die Geburt eines Kindes, der erste Kuss oder die Verwirklichung eines Lebenstraumes. Das, was uns in Erinnerung bleibt, sind die Zeiten, in denen wir im Beisein anderer Grenzen überschritten haben, im Positiven wie im Negativen, die Zeiten, in denen wir eine neue Form von Gemeinschaft erfahren oder eine neue Lebensperspektive im Zusammenhang mit anderen Menschen bekommen haben. Und solche Entwicklungen sind immer damit verbunden, dass ein altes Denken zu Ende geht, bisher ungekannte Wege beschritten und neue Hoffnungen geboren werden. Kurz: In einer Gemeinschaft werden Grenzen gesprengt – und das ist ein wichtiger sozialer Akt. Denn diese Erfahrungen sind bei den meisten Befragten wichtiger als alle Grenzüberschreitungen, die sie allein erlebt haben. Wenn man Sie fragen würde, was die drei wegweisendsten Momente in Ihrem Leben waren, was fiele Ihnen ein?

Das, was uns in Erinnerung bleibt, sind die Zeiten, in denen wir im Beisein anderer Grenzen überschritten haben, im Positiven wie im Negativen.

Grenzen sind für unser Leben unabdingbar, aber an ihnen scheiden sich auch die Geister. Denn einerseits suchen wir nach Grenzerfahrungen mit anderen, andererseits fällt es uns unendlich schwer, Grenzverletzungen Einzelner in der Gemeinschaft zu akzeptieren. Vor allem dann, wenn wir das subjektive Gefühl haben, dass jemand uns durch sein Verhalten Schaden zufügt. Wie können wir mit diesem Dilemma vernünftig umgehen? In diesem Abschnitt geht es, das wird deutlich, nicht um die Frage nach dem Annehmen oder Abschaffen von Grenzen, es geht darum, wie wir dafür sorgen können, dass Grenzüberschreitungen zu gelungenen und nicht zu misslungenen Erfahrungen werden.

Was ändert sich, wenn man die Grundlagen für den Umgang mit Grenzen beim Einzelnen auf eine Gemeinschaft überträgt? Antwort: Sehr viel, weil es vorher darum ging, wie und ob man den eigenen Schutzraum verlassen kann, während man nun erlebt, dass jemand den Schutzraum verletzt. Vorher hieß das Thema »Entfaltung«, jetzt heißt es auf einmal »Verteidigung« oder »Akzeptanz«. Vorher musste man lernen, sich selbst wahrzunehmen, jetzt muss man auf einmal versuchen, einen anderen zu verstehen. Und das ist unwahrscheinlich schwierig. Wie kann man damit umgehen, dass andere Menschen – so wie man selbst – an ihre Grenzen kommen?

Dazu erst einmal drei persönliche Beobachtungen, die ich machte, als ich mich fragte, wie ich mit den Grenzen anderer umgehe:

1. Die persönliche Stimmung: Je schlechter ich selbst gelaunt bin, desto mehr rege ich mich über andere auf. Je unzufriedener ich mit mir selbst bin, desto kritischer werde ich, wenn andere Fehler machen. Wenn ich müde, überarbeitet, wütend, verärgert oder enttäuscht bin, dann müssen die anderen nahezu perfekt sein, wenn sie vor mir bestehen wollen. Bisweilen rege ich mich in einer solchen Stimmung über winzige Kleinigkeiten auf und frage mich dann am nächsten Morgen beschämt, was mich dazu gebracht hat, so aus der Haut zu fahren. Das sollte doch misstrauisch machen: Ob ich vernünftig mit den Grenzen der anderen umgehen kann, hängt also von meiner eigenen Tagesform ab.

2. Die kritische Einstellung: Ich gehöre zu einem sehr kritischen Menschenschlag. Ich gehe eher davon aus, dass etwas schlecht gemacht wird, als dass es gut gemacht wird. Oder noch konkreter: Ich bin immer erst einmal misstrauisch. Mich müssen Sie mit Leistung überzeugen – und zwar mit einer sehr guten. Ganz gleich, ob ich zu einem Konzert, einem Gespräch, einer Theateraufführung oder zum Kaffeetrinken gehe: Ich achte nicht zuerst auf das, was positiv ist, sondern lauere auf das, was negativ sein könnte. Und bisweilen wundere ich mich dann, warum ich trotz einer qualitativ guten Erfahrung unbefriedigt nach Hause gehe. Kein Wunder – ich wollte ja gar nicht, dass man mich überzeugt.

3. *Die subjektive Perspektive:* Ich erwarte von mir selbst eigentlich immer das Beste und werde stinksauer, wenn andere nicht das Beste bringen. Vor allem aber wünsche ich mir, dass die Menschen in den Bereichen das Beste bringen, in denen auch ich Begabungen habe. Es tut mir richtig weh, wenn jemand etwas schlecht macht, das ich gut kann. Und obwohl das letztlich wahrscheinlich ein Alptraum wäre, wenn alle viel zu oft Witze reißen, Bücher schreiben oder solistisch singen wollten, messe ich die anderen vor allem an meinen Fähigkeiten. Ich gehe unbewusst davon aus, dass die Dinge, die mir leicht fallen, auch für andere ein Kinderspiel sein müssten. Und gleichzeitig fühle ich mich angegriffen, wenn jemand von mir etwas erwartet, das mir nicht liegt, und dann auch noch so tut, als fiele einem das so einfach in den Schoß.

Ist Ihnen etwas aufgefallen? Bei allen drei Beobachtungen ist der andere gar nicht der eigentliche Maßstab für meinen Umgang mit ihm. Meine Laune, meine kritische Einstellung und meine Erwartungen bestimmen meine Reaktion auf die Grenzüberschreitungen des anderen; und dabei geht es nicht nur darum, ob ich die Grenzen des anderen akzeptiere, ja, ich maße mir sogar an zu wissen, wo seine Grenzen sein müssen. Das ist doch verrückt, oder? Denn eines ist klar: So-

> *Meine Laune, meine kritische Einstellung und meine Erwartungen bestimmen meine Reaktion auf die Grenzüberschreitungen des anderen.*

71

lange wir so leben, kann das Miteinander nicht funktionieren. In einer Welt, in der jeder sich selbst zum Maßstab nimmt, wird es immer Streit geben.

Darum ist es auch so entscheidend, dass Jesus, den man zu Recht als Meister im Umgang mit den Grenzen anderer bezeichnen kann, eine besondere Art und Weise hat, mit Grenzüberschreitungen umzugehen. Er kehrt fast immer den Spieß um und zeigt den Kritikern, dass sie erst einmal sich selbst betrachten müssen. Sein berühmter Satz: »Was kümmerst du dich um den Splitter im Auge deines Bruders oder deiner Schwester und bemerkst nicht den Balken in deinem eigenen« fasst diese Vorgehensweise gut zusammen. Jedem, der sich über etwas aufregt, zeigt Jesus, dass in der überwiegenden Zahl der Fälle nicht der Beschimpfte, sondern der Schimpfer ein Problem hat. Jesus versteckt sich nie hinter Allgemeinplätzen oder nur schwer hinterfragbaren Konventionen – er sagt nie: »Man muss« oder »Es gehört sich so«, weil das die peinlichste aller Kritikformen ist – er nimmt die Kritiker sehr ernst, fordert sie aber auf, erst einmal die eigenen Grenzen wahrzunehmen, bevor sie andere verurteilen. Er sagt daher auch zu niemandem in verletzender Weise: »Du hast nicht verstanden«, sondern klärt zu Beginn die Motive derer, die sich in ihrem Schutzraum bedroht fühlen. *Kann es sein, dass unser Problem beim Umgang mit den Grenzen anderer letztlich ein Problem mit unseren eigenen Grenzen ist?*

Wenn wir betrachten, wie Jesus mit Menschen umgegangen ist, dann werden wir entdecken, dass dem sehr wohl so ist, dass wir eigentlich zuerst bei uns nach den Ursachen für Spannungen suchen sollten. Jesus selbst lebte relativ grenzenlos, sodass man bei ihm viel über einen gesunden Umgang mit anderen Menschen lernen kann. Das also zeichnet seine Begegnung, seine Auseinandersetzung mit den Grenzen anderer aus:

1. Jesus begegnet den Menschen trotz ihrer Grenzen

Diese Eigenschaft gehört zu den ganz besonderen Fähigkeiten Jesu: Er besitzt eine neutrale Wahrnehmung. Er verdammt niemanden im Vorfeld, sondern akzeptiert alle Menschen erst einmal als Geschöpfe Gottes. Und er geht auch nicht mit einer vorgefertigten Meinung in die Gespräche hinein, sondern wartet darauf, was nun passieren wird. Weder Erwartungen noch Ansprüche, weder zu erreichende Ziele noch Unsicherheiten bestimmen seine Gesprächsführung, er lässt sich ganz auf sein Gegenüber ein und lässt den anderen erst einmal sein, wie er ist. Die Evangelien sind voller Geschichten, in denen Jesus auf Menschen zugeht – ohne Vorurteile, ohne Ängste und ohne Vorbehalte. Er ist einfach da. Diese Offenheit hat man ihm ja auch immer wieder vorgeworfen, weil er selbst bei denjenigen keine Probleme hatte, freundlich zu sein, die in der damaligen Gesellschaft zutiefst verachtet waren. »Du gehst zu Dieben, Betrügern, Huren und Verbrechern«, hat man ihm vorgehalten. Das hat Jesus aber nicht gestört. Ein Mensch ist in seinen Augen ein Mensch und als solcher muss man ihm mit Achtung und Liebe gegenübertreten.

Aber Jesu Offenheit geht noch weiter: Er setzt bei allen Gesprächspartnern voraus, dass diese entwicklungsfähig, begabt und motivierbar sind. Er hat die Menschen mit ihren Möglichkeiten gesehen, nicht

> *Jesus hat die Menschen mit ihren Möglichkeiten gesehen, nicht mit ihren Grenzen.*

mit ihren Grenzen. Vielleicht hat sein Besuch gerade deshalb so viele Leute zutiefst berührt, weil sie spüren, dass es jemanden gibt, der an sie glaubt, der ihnen etwas zutraut und Hoffnung in sie setzt.

Was kann das für unseren Umgang mit den Grenzen anderer bedeuten:

▶ Allen Menschen erst einmal neutral gegenübertreten.
▶ Bereit sein, sich ganz auf den anderen einzulassen.
▶ Jeden Menschen als Geschöpf Gottes achten.
▶ Die eigene Wahrnehmung nicht von eigenen Ängsten und Erwartungen trüben lassen.
▶ Daran glauben, dass der andere sich positiv entfalten kann.

2. Jesus begibt sich auf eine Ebene mit den Menschen

Der Umgang mit den Grenzen anderer hat bei uns fast immer etwas Distanziertes. Wir projizieren im Konfliktfall zuallererst alle Gründe und die Frage nach der Schuld auf den anderen: »Du hast ein Problem.« Dabei machen wir uns leider nur selten bewusst, dass der andere im Zweifelsfall genauso denkt. Unterhalten Sie sich einmal mit zwei im Streit befindlichen Nachbarn. Sie werden vermutlich in allen Fällen feststellen, dass beide Beteiligten aus ihrer jeweiligen Perspektive Recht haben. Beide haben das Gefühl, ihnen sei großes Unrecht widerfahren und suchen die Schuld beim anderen. Letztlich geht es dann nur noch um die Frage, wer angefangen hat. Und selbst dabei hat jeder eine Version, von der er fest überzeugt ist. Oder fragen Sie mal einen Eheberater. Dieser wird Ihnen bestätigen, dass in den meisten Fällen beide Partner die Schuld für das Zerwürfnis und die Krise der Beziehung beim anderen sehen.

Warum ist eine solche Haltung beim Umgang mit Grenzen so fatal? Weil der andere, wenn ich mit Vorbehalten zu ihm komme, instinktiv merkt, dass ich eigentlich gar nicht an seiner Sichtweise der Dinge interessiert bin. Wie viele Diskussionen führt man, bei denen man schon nach wenigen Sätzen spürt, dass der andere gar kein Interesse hat, eine sachliche Auseinandersetzung zu führen, sondern dass er nur Recht behalten will! Solche Begegnungen sind immer unergiebig.

Jesus verhielt sich völlig anders. Er hat sich erst einmal mit den Menschen zum Essen und Feiern getroffen. In ihren Häusern, in ihrer vertrauten Umgebung, in dem Umfeld, in dem sie zu Hause waren. Er wollte sehen, wie sie leben, was sie tun, wie sie denken und warum sie so handeln, wie sie handeln. *Er hat die Menschen erst einmal kennen gelernt, sie nicht einfach beurteilt.* Ein Indianersprichwort besagt: »Bevor du über einen anderen urteilst, laufe erst einmal zwei Wochen in seinen Mokassins.« Jesus hat das getan. Und fast immer führte dieser sehr persönliche Kontakt dazu, dass bei den Menschen Verkrustungen aufgebrochen und Grenzen überwunden wurden.

Was kann das für unseren Umgang mit den Grenzen anderer bedeuten:

▷ Versuchen, sich in den anderen hineinzudenken.
▷ Den anderen zu Hause besuchen oder dort, wo er sich sicher fühlt.
▷ Sich auf seine Welt einlassen.
▷ Ehrlich an ihm und seinen Meinungen interessiert sein.
▷ Sich klarmachen, dass nicht er ein Problem hat, sondern beide miteinander.

3. Jesus akzeptiert, dass Menschen Grenzen haben

Wer von anderen immer nur Perfektion erwartet, der ist ein liebloser Mensch. Und doch ist genau das in den meisten Fällen der Anlass für Streit und Ärger. Wir akzeptieren nicht, dass wir Fehler haben, und wir akzeptieren nicht, dass andere Menschen an ihre Grenzen kommen. Lieben heißt, den anderen mit seinen Fehlern und Grenzen anzunehmen, bisweilen auch zu ertragen, dass jemand einige Dinge nicht kann oder will, die mir unendlich wichtig sind. Es ist nicht nur eine Frage der Toleranz, sondern letztlich auch des Selbstschutzes, weil jemand, der darauf baut, dass andere Menschen perfekt sind, pausenlos Enttäuschungen erlebt. Wer sein Gegenüber annimmt und ihm zugesteht, dass dieser sich auch verändern kann, wird auch so mit ihm umgehen, dass ein offenes Gespräch möglich wird.

Außerdem sollte man eines nicht vergessen: Jemand, der anderen schadet, der voller Hass ist oder mutwillig seine Grenzen so überschreitet, dass andere verletzt werden, der ist ein zutiefst unglücklicher Mensch. Glückliche Menschen haben so etwas gar nicht nötig. Und genau darum verurteilt Jesus Menschen auch nicht. Er ist so von Liebe erfüllt, dass er genau weiß: Wer es nötig hat, seine Ehe zu brechen, zu stehlen, zu lügen, Besitztümer anzuhäufen, andere zu hintergehen oder sich hinter religiösen Dogmen zu verstecken, der spürt tief im Inneren ohnehin, dass sein Leben in die falsche Richtung läuft. Einen solchen Menschen sollte man nicht noch tiefer in den Dreck stoßen; man muss ihm heraushelfen. Jesus fragt, wie er die Menschen befreien kann, und hält ihnen nicht ihre Unfreiheit vor.

Wir machen uns selten bewusst, dass jeder Vorwurf, jeder Angriff und jeder Hinweis auf die Mängel des anderen diesen zwingen, sich entweder zu verteidigen oder seinerseits anzugreifen. Und beides führt nur zu neuen Verletzungen, aber nicht zu einem tragfähigen Miteinander. Es ist viel sinnvoller, die Ziele, Ideale und Hoffnungen der beiden Gesprächspartner zu vergleichen und herauszufinden, warum es immer wieder zu Streit kommt. Jesus hat Menschen bewusst konfrontiert, aber nicht mit ihren Fehlern, sondern mit der Herausforderung eines veränderten Lebens.

Was kann das für unseren Umgang mit den Grenzen anderer bedeuten:

▷ Von anderen nicht erwarten, dass sie perfekt sind.
▷ Prüfen, warum der andere so handelt, wie er handelt.
▷ Nie vergessen, dass ein wütender Mensch selbst verletzt wurde.
▷ Dem anderen Fehler nicht vorhalten. Er kennt sie (meistens).
▷ Überlegen, wie man dem anderen helfen kann (falls er das möchte).

Am deutlichsten wird die liebevolle Einstellung Jesu sicher in der ungewöhnlichen Geschichte von der Ehebrecherin, die von den Schriftgelehrten und Pharisäern zu ihm gebracht wird. In Israel gab es damals ein altes Gesetz, das besagte, dass auf Ehebruch die Todesstrafe steht. Und ich wünsche mir, dass wir hier nicht über einen lang verjährten Fall nachdenken, sondern uns klarmachen, dass diese Geschichte auch heute spielen könnte. Es hätte dann statt der Ehebrecherin auch Ihr Nachbar sein können, die betrunkene und nicht versicherte Person, die Ihren Wagen zu Schrott gefahren hat, die Eltern, die Ihnen Ihre Jugend versaut haben, der Lehrer, der Sie kleinkriegen wollte, das Schwein, das eine Bekannte von Ihnen vergewaltigt hat, der Verwandte, der Sie um Ihr Erbe betrogen hat, der Unbekannte, der seit einem Jahr Telefonterror bei Ihnen betreibt, der Verbrecher, der Ihre Wohnung ausgeraubt, oder der Kollege, der Sie im Betrieb gemobbt hat. Stellen Sie sich jetzt bitte an Stelle der Ehebrecherin einen ganz konkreten Menschen aus

Ihrer Lebensgeschichte vor, dessen Grenzen Sie kennen gelernt haben. Jemanden, der Sie zutiefst verletzt und Ihrer Meinung nach gegen alle Regeln des Anstands verstoßen hat.

Können Sie sich das vorstellen? Da sind Sie mit all Ihrer Wut, all Ihrem Hass und all Ihrer Enttäuschung. Und Sie wissen genau, dass es nur gerecht wäre, diesen Menschen fertig zu machen, dass dieser Mensch wirklich die schwerste Strafe verdient hat, die es für seine Handlungen gibt. Und jetzt kommt Jesus und sagt ganz ruhig zu Ihnen: »Im Prinzip hast du Recht. Das will ich dir auch gar nicht absprechen. Aber wirf deinen vernichtenden Stein bitte nur dann, wenn du von dir sagen kannst, dass du nicht irgendwann einmal etwas falsch gemacht hast, dass du niemanden verletzt hast und dass du deine Grenzen im Griff hast.«

Genau das macht Jesus an diesem Tag. Er spricht nicht von den Grenzen dieser unglückseligen Angeklagten, sondern von den Grenzen der Kläger. Und die Menschen, die in dieser aggressiven Runde stehen, verlieren plötzlich die schöne Sicherheit, die man hat, wenn man jemanden gemeinsam fertig macht. Die Grenzen der untreuen Frau werden plötzlich zu einem Problem mit ihren eigenen Grenzen. Da stehen die eben noch Tobenden mit ihren Steinen in der Hand und merken deutlich, dass sie sich eben nicht einfach zu Richtern aufspielen können, ohne ihre eigenen Ängste, Fehler und Grenzüberschreitungen zu bedenken. Dabei geht es Jesus keinesfalls um eine Generalamnestie aller Rechtsverletzungen; an vielen anderen Stellen macht er die Relevanz von Recht und Gerechtigkeit sehr deutlich. Worum es in dieser Geschichte geht, ist die wütende Lynchjustiz der Leute, die hoffen, durch einen Gewaltakt die eigene Unsicherheit zu überwinden. Jesus urteilt gar nicht über die Frau, er urteilt über die Männer, die die Unglückliche töten wollen. Und das verstehen die aggressiven, selbst ernannten Richter auch sofort. Als Jesus sie so persönlich anspricht, bleibt keiner übrig, der es wagen würde, einen Stein zu werfen.

Hinter diesem Handeln steckt unendlich viel Weisheit, aber eben auch Glaube und Nächstenliebe: Auch der andere ist ein von Gott geliebter Mensch – mit all seinen Grenzen und Fehlern. Darum sollte ich mich unabhängig machen von meiner Laune und nicht immer kritisch, sondern positiv auf den anderen zugehen. Probieren Sie das mal aus: Je mehr Positives Sie vom anderen erwarten, desto positiver werden Sie ihn erleben. Und jemand, der positive Erwartungen bei seinem Gegenüber spürt, wird tatsächlich in allen Bereichen besser und versöhnlicher reagieren, als er es bei einem Widersacher tun würde. Davon kann ich (Fabian) als Kabarettist ein Lied singen. Bisweilen werde ich zu bierernsten Kongressen eingeladen und soll im Auftrag der Veranstalter ein bisschen Stimmung machen. Wenn Sie dann die Bühne betreten und einige hundert verkniffene Gesichter vor sich sehen, denen man abspürt, dass sie gar nicht lachen wollen, dann müssen Sie wirklich um jedes Heben der Mundwinkel kämpfen. Wenn Sie aber, wie etwa auf dem Kirchentag, bei einem Gemeindeabend oder einem großen Festival Menschen vor sich haben, die sich auf den Abend freuen, dann wird das Ganze auch ein Fest. Obwohl ich das gleiche Programm mache, bin ich bei den erwartungsvollen Gästen sicherer, spontaner und tatsächlich witziger, während mich die unwilligen, negativ eingestellten Zuschauer verunsichern.

Die zweite Grundlage eines solchen Handelns ist die Erkenntnis, dass der andere nun mal anders ist als ich. Ich kann mich noch so sehr auf den Kopf stellen, es wird nie eine Welt geben, in der alles nach meinem Willen läuft. Wer immer nur seine Werte durchdrücken will, der handelt nicht nur lieblos, der wird auch auf Dauer das Nachsehen haben. Nicht einmal Jesus macht sich selbst zum Maßstab. Er akzeptiert die Frau so, wie sie ist. Er verurteilt sie nicht. Wenn Sie sich das nächste Mal über jemanden aufregen, dann zählen Sie doch einfach mal langsam bis zehn, und denken Sie dabei darüber nach, was Sie alles *nicht* können. Das wird einiges ändern.

Die christliche Gemeinschaft sollte der Ort sein, an dem wir ermuntern statt ermahnen, heilen statt heruntermachen, aufbauen statt aufmischen. Ich bin sicher, dass wir lernen können, wie Jesus das Gute in den Menschen zu sehen und die Grenzen des anderen als vielschichtiges Problem zu erkennen: Nicht nur wir leiden darunter, sondern auch er selbst. Und dann wird es zu einem Akt der Liebe und der Freundlichkeit, darüber nachzudenken, wie ich dem anderen helfen kann. Was wäre, wenn ich die Grenzen des anderen nicht als Belastung, sondern als Hilferuf verstehen könnte – ganz gleich, wie sehr sie mich vielleicht verletzen, nerven oder stören?

Sich über die Grenzen des anderen aufzuregen ist letztlich ein egoistischer Vorgang. Das Reich Gottes wird da lebendig, wo wir den anderen lieben wie uns selbst, und das heißt: ihn stehen lassen, ihm im positiven Sinne beim Erkennen seiner Grenzen zu helfen und statt seiner Kanten seine Möglichkeiten zu sehen.

Die biblische Geschichte aber hat noch einen wunderschönen Abgesang. Als Jesus allein mit der Frau auf dem Platz zurückbleibt, sagt er zu ihr: »Wenn dich niemand verdammt, werde auch ich dich nicht verdammen. Geh, und sündige in Zukunft nicht mehr.« Da, wo wir Menschen nicht überheblich sind, sondern voller Nächstenliebe lernen, mit den Grenzen anderer umzugehen, will und wird auch Gott nicht mit einem theoretischen Gesetz nach Schuld suchen. *Wir Menschen könnten es Gott leichter machen, gnädig zu sein, wenn wir gnädiger wären.*

Kapitel 4

Vom Umgang
mit den Fehlern anderer

In diesem Kaptitel wollen wir Ihnen Mut machen, mit den Fehlern anderer sehr barmherzig zu sein – nicht nur, um das Miteinander zu fördern, sondern auch weil Sie selbst davon mehr profitieren, als Sie wahrscheinlich ahnen. Wer lernt, mit den Fehlern anderer umzugehen, der wird aufatmen – mit Körper, Seele und Geist. Beim Zerfall der DDR konnte man an vielen Stellen beobachten, welche Voraussetzungen ein Mensch braucht, der sich mit tragischen Fehlern anderer auseinander setzen will. Ob und wie daraus eine Versöhnung entstehen kann, verdeutlichen wir mit konkreten Schritten.

Haben Sie schon einmal von Pastor Uwe Holmer gehört? Von ihm habe ich gelernt, welch befreiende Wirkung Vergebung haben kann. Als durch die revolutionären Ereignisse im Herbst 1989 Erich Honecker als DDR-Staatschef entmachtet und schließlich – nach seiner Entlassung aus dem Krankenhaus – obdachlos wurde, war es Familie Holmer, die sich bereit erklärte, den Ex-Diktator in ihrem Pfarrhaus aufzunehmen. Während sich der Hass der Bevölkerung immer stärker gegen den ehemaligen Unterdrücker richtete und selbst ehemalige Stasi-Verbrecher jetzt die gesamte Schuld an allem Elend dem gestürzten Regierungschef zuschieben wollten, setzte Holmer ein Zeichen der Vergebung. In einem Rundbrief erklärte er sein Handeln folgendermaßen: »Unsere Familie hat diesen Schritt nicht getan aus Sympathie mit dem alten Regierungssystem. Von unseren 10 Kindern haben wir für 8 einen Antrag auf den Besuch der Oberschule gestellt. Keines von ihnen wurde trotz guter und bester Zensuren angenommen. Wir haben jedoch darüber keine Bitterkeit im Herzen, da wir in der Nachfolge unseres Herrn wirklich vergeben haben.«

Eine Woche, nachdem Erich Honecker und seine Frau Margot das Pfarrhaus in Lobetal wieder verlassen hatten, besuchte ich mit einem Freund diesen ungewöhnlichen Mann. Wir wollten wissen, wie er mit seinem Groll gegenüber einem gewissenlosen und verblendeten Verbrecher umgegangen war, der den Kindern von Christen die Zukunft verbaut hat, und warum Vergebung eine befreiende Wirkung haben kann.

Ich weiß nicht, wie es Ihnen geht, wenn Sie mit den Geboten Gottes konfrontiert werden. Vielleicht sind Sie ja wie ich. Ich möchte gerne verstehen. Ich möchte wissen, was der Sinn hinter Gottes Geboten ist. Es gibt so viele Fragen, die ich an Gott habe. Warum wir unsere Feinde lieben sollen oder warum wir 10 % unseres Einkommens an die Gemeinde geben sollen. Ich will es wissen, obwohl oder gerade weil ich überzeugt bin, dass diese Gebote gut für uns sind! Also: Warum in aller Welt sollten wir unsere Feinde lieben und für sie beten? Ist nicht das Alte Testament da viel logischer? »Auge um Auge, Zahn um Zahn« – das ist ein Satz, der mir sofort einleuchtet – und am liebsten würde ich meinem Gegner gleich zwei Zähne ausschlagen, damit er noch etwas für seine Zukunft lernt. Wie haben wir oben so schön gesagt: »Fehler zu machen ist die einzige Art, etwas zu lernen.« Wir wollen unseren Gegner doch nicht um diese Lernerfahrung bringen, oder?

Das Gespräch mit Uwe Holmer und seiner Frau hat mich tief bewegt. Ich habe lange über seine Worte nachgedacht, und mit der Zeit haben sich für mich aus den vielen klugen Gedanken drei Gründe herauskristallisiert, warum das Lieben unserer Feinde nicht nur für unsere Feinde, sondern auch für uns gut ist.

1. Der geistliche Vorteil

Beginnen wir ganz fromm. Warum berührt es unseren Glauben, wenn wir unseren Feinden vergeben? »Ich wundere mich selbst über mich«, erzählte uns Uwe Holmer, »dass mein alter Zorn auf die Regierung auf einmal wirklich weg war, als das Ehepaar Honecker uns im Flur unseres Pfarrhauses gegenüberstand. Aber wissen Sie, ich lebe seit Jahren von der Vergebung Gottes. Ich mache selbst so viel falsch. Wenn man schon jahrelang aus der Vergebung lebt, dann fällt Vergebung anderen gegenüber nicht mehr so furchtbar schwer.«

Sie kennen vielleicht die biblische Geschichte vom hartherzigen Schuldner. Dieser Kerl hatte weit über 10 Millionen Mark Schulden bei seinem König und war nicht in der Lage, seine Schulden zu begleichen. Der König hätte daher das Recht gehabt, den zahlungsunfähigen Mann und dessen ganze Familie in die Sklaverei zu verkaufen. Also warf sich der Schuldner weinend auf den Boden und bat den Herrscher um Gnade: »Hab doch Geduld mit mir«, stöhnte er. »Ich werde dir alles zurückzahlen.« Das war eine lächerliche Bitte, denn jeder im Land wusste, dass der Mann diese gigantische Summe niemals würde zahlen können. Der König aber war gnädig, er hatte tatsächlich Erbarmen mit seinem Untertan und tat etwas Erstaunliches: Er erließ dem Flehenden alle Schulden, jede einzelne von den über 10 Millionen Mark – und gab ihm eine zweite Chance.

Leider hat diese Geschichte kein Happy End. Kaum kam der Mann freudestrahlend aus dem Palast, traf er einen seiner eigenen Untergebenen, der ihm bescheidene 20 Mark schuldete. Er packte diesen an der Gurgel und forderte sein Geld zurück. »Hab doch Geduld mit mir«, stöhnte der andere. »Ich werde dir alles zurückzahlen.« Das kommt uns doch bekannt vor, oder? Aber der Mann, der vor kurzem noch selbst auf den Knien um Vergebung gebettelt hatte, weigerte sich und warf seinen Schuldner ins Gefängnis, bis alle Schulden beglichen waren. Kein Wunder, dass der König zornig wurde, als ihm diese Ungeheuerlichkeit zu Ohren kam. Ging es Ihnen nicht gerade ganz genau so, als Sie diese Geschichte hörten?

Hier aber ist der Clou dieses Gleichnisses, das Jesus erzählt: »So wird euch mein Vater im Himmel auch behandeln, wenn ihr eurem Bruder nicht von Herzen verzeiht«, beendet er seine Erzählung. Wenn uns die Geschichte von dem hartherzigen Schuldner ärgerlich macht, ist es dann nicht auch verständlich, dass Gott sich über uns erzürnt, wenn wir, die wir seine unendliche Gnade genossen haben, uns weigern, anderen zu vergeben?

Jesus war in diesem Punkt sehr deutlich: »Wenn ihr aber den anderen nicht vergebt, dann wird euer Vater euch eure Verfehlungen auch nicht vergeben« (Mt 6,15). Mit anderen Worten: Unsere Beziehung zu Gott – unser geistliches Wohlbefinden – wird einer sehr starken Belastung ausgesetzt, wenn wir anderen nicht vergeben.

2. Der psychische Vorteil

Wir fragten Uwe Holmer weiter, ob er auch die zahllosen aufgebrachten Menschen verstehen könne, die während der Zeit, als die Honeckers bei der Pfarrfamilie wohnten, ständig das Haus umringten und die – zum Teil voller Wut – darauf warteten, den entmachteten Staatschef in ihre Finger zu bekommen, um sich an ihm für die vielen Unrechtsjahre zu rächen.

»Ja, ich kann sie sehr gut verstehen«, sagte der Pfarrer. »Ich erinnere mich besonders an einen Mann, der zu mir sagte: ›Ich habe 15 Jahre lang im Gefängnis Bautzen gesessen; ich war zum Tode verurteilt. Der Verbrecher hat mein Leben ruiniert.‹ Die Frau des zu Recht verbitterten Anklägers stand daneben und sagte: ›Was ich unter diesem Regime durchgemacht habe, das können Sie sich gar nicht vorstellen. Sie dürfen nicht so leicht verzeihen.‹« Holmer hatte daraufhin erwidert: »›Was Sie mir sagen, macht mich sehr betroffen. Sie haben viel mehr durchgemacht als ich, und ich habe nicht an Ihrer Stelle vergeben, sondern ganz persönlich. Aber ich möchte Sie eines fragen: Bleibt Ihnen denn etwas anderes übrig, als Herrn Honecker zu vergeben? Sie können doch gar nichts anderes tun. Denn andernfalls wütet das Gift der Bitterkeit und des Hasses in Ihrem Herzen weiter und Sie kommen niemals zur Ruhe. Glauben Sie denn tatsächlich, dass das Unrecht gesühnt wäre, wenn man diesen Mann hinrichtet? Die Wut wären Sie deshalb noch lange nicht los.‹ Daraufhin hat der Mann lange schweigend nachgedacht und mir dann gestanden: ›Jawohl, mir bleibt nichts anderes übrig, auch ich will vergeben.‹ Es geht also bei meiner Vergebung gegenüber Herrn Honecker zunächst gar nicht um Herrn Honecker, sondern um mich.«

Menschen, die Bitterkeit und Wut gegenüber ihren Feinden fühlen, werden schließlich auch zu bitteren und verhärmten Menschen. Sie werden Gefangene ihres eigenen Hasses, der ihre ganze Persönlichkeit von innen heraus zerfrisst. Das geht sogar so weit, dass selbst die Gesundheit darunter leidet. In einem Artikel der *New York Times* hieß es:

»*Forscher konnten vor kurzem beweisen, dass chronischer Ärger mindestens so gefährlich für den Körper ist wie Kettenrauchen, Alkohol oder fettiges Essen. Eine 18-jährige Studie einer Universität hat nachgewiesen, dass Frauen, die ihren Ärger unterdrückten, dreimal so oft erkrankten wie die, die nicht solchen Hass mit sich herumtrugen.*«

Die medizinische und psychologische Botschaft ist klar. Es ist keine Übertreibung festzustellen, dass Bitterkeit und Hass lebensgefährliche Beeinträchtigungen sind, die unser Leben zerstören, wenn wir nicht lernen zu verzeihen. Ein Mensch, der voller Hass ist, kann gar nicht mehr anders, als überall wieder Negatives zu vermuten. Seine Sichtweise schränkt sich ein, weil sich sein ganzes Denken und Handeln auf das Schlechte konzentriert, das ihm widerfahren ist. Diese Erfahrungen werden Sie auch schon gemacht haben: Wenn Ihnen etwas Negatives zustößt, kreisen all Ihre Gedanken immer wieder um dieses schreckliche Erlebnis. Selbst wenn Sie den Vorfall eigentlich schon zur Seite legen wollen, kocht ab und an die Wut hoch, und Sie können sich auf nichts anderes mehr konzentrieren. Ein Mensch, der hasst, wird schließlich von den negativen Gedanken beherrscht und verliert alle Schönheiten des Lebens aus dem Blick. Lassen Sie das nicht zu!

Ein Mensch, der voller Hass ist, kann gar nicht mehr anders, als überall wieder Negatives zu vermuten.

3. Der weltliche Vorteil

Doch ein barmherziger Umgang mit den Fehlern und Schwächen anderer hat noch weitere Folgen. Jesus sagt: »Was ist schon Besonderes daran, wenn ihr nur zu euresgleichen freundlich seid? Das tun auch die, die Gott nicht kennen« (Mt 5,47). Es ist eine schwache Leistung und äußerst banal, wenn wir nur die lieben und denen verzeihen, die uns sympathisch sind. Allen Menschen gelingt dies, selbst Betrügern, Mördern und Lügnern. Jeder Mensch hat einen Kreis, in dem ein besonderer Ehrenkodex herrscht, in dem natürlich die miteinander verbundenen Menschen freundlich zueinander sind. Brüsten Sie sich also bitte nicht damit, wenn Sie einem Freund oder einer Freundin verzeihen. Das sollte selbstverständlich sein.

Aber wenn jemand an einem anderen Liebe übt, der vorher sein Feind war, dann horcht die Welt auf. Selbst der Kommunist Egon Krenz, der als Nachfolger von Erich Honecker miterleben musste, wie die DDR zerfiel, blieb von Uwe Holmers Verhalten nicht ungerührt. Er bekannte in einem Interview: »Wieder ist es die Kirche, die uns eine Toleranz lehrt, zu der wir Kommunisten nicht fähig waren.« Ein schlauer Mensch sagte einmal: »Gutes mit Bösem zu vergelten, das ist teuflisch. Gutes mit Gutem zu vergelten, ist menschlich. Böses aber mit Gutem zu vergelten, das ist göttlich.« Menschen, die anfangen, ihren Gegnern zu verzeihen, erregen nicht nur Aufmerksamkeit, sie bringen etwas vom Geist Gottes in diese Welt.

Ich träume davon, dass wir Christen uns von dieser göttlichen Kraft anstecken lassen. Dass unsere Gemeinde nicht nur durch besondere Gottesdienste und das Zugehen auf Kirchendistanzierte bekannt wird, sondern dadurch, wie liebevoll wir miteinander und mit eventuellen Gegnern umgehen. Wäre das nicht traumhaft, wenn man überall im Land sagen würde: »Da gibt es eine Gemeinde, die ist so liebevoll, dass selbst die härtesten Konflikte in einer freundlichen und barmherzigen Atmosphäre gelöst werden.« Das wäre übrigens nichts Neues: Die Urgemeinden fielen im Römischen Reich immer wieder dadurch auf, dass die Christinnen und Christen so ganz anders, so friedlich und entspannt miteinander umgingen. Letztlich steht dahinter eine Anweisung Christi: »An eurer Liebe zueinander werden alle erkennen, daß ihr meine Jünger seid.« Es gibt viele Gemeinden in Deutschland, die für herausragende oder zumindest auffällige Besonderheiten bekannt sind: Gottesdienstformen, Sozialarbeit, Seniorenprojekte, Konzerte, Dritte-Welt-Arbeit usw. Unser aller Ziel sollte es aber sein, dass wir für unsere Liebe bekannt werden. Haben wir da nicht noch einen weiten Weg vor uns? Je größer diese Gemeinde wird, je mehr wir verändern und umgestalten, desto mehr Fehler werden wir begehen und desto mehr Schuld werden wir auf uns laden. Das wird sich nicht vermeiden lassen. Wie können wir also ganz praktisch mit den Menschen umgehen, die uns Böses angetan haben oder uns das Leben schwer machen?

Ich möchte dazu 5 praktische Schritte vorstellen. Bevor ich Ihnen diese Schritte nenne, bitte ich Sie, sich das Bild eines Gegners, eines Feindes oder einer Person, die Ihnen persönlich zuwider ist, vor Augen zu malen. Jeder von uns hat jemanden, der ihm das Leben schwer macht – in der Familie, an der Arbeitsstelle, in der Schule oder der Gemeinde. Stellen Sie sich bitte diese Person jetzt vor und überprüfen Sie ganz konkret, ob Sie die genannten Punkte bei ihr umsetzen können.

1. Schritt: Beten Sie!

Beten Sie für sich. Sagen Sie Gott ehrlich, was Sie fühlen. Machen Sie aus Ihrem Herzen keine Mördergrube, sondern akzeptieren Sie erst einmal Ihre Gefühle, und sagen Sie sie ihm auch, dass Sie diesem Mistkerl oder dieser dummen Zicke einfach nicht vergeben können. Ein Zorn, den Sie ausgesprochen haben, ist schon halb bewältigt. Bitten Sie Gott dann um seine Kraft, damit Sie mit der Situation zurechtkommen, ohne selbst schuldig zu werden oder den Konflikt zu verschärfen. Gott tut nichts lieber, als solche ehrliche Gebete zu erhören.

Gehen Sie im Gebet auch noch einmal in Ruhe die Situationen durch, die Sie verletzt haben, und lassen Sie Ihren Emotionen vor Gott freien Lauf.

Und als Drittes: Bitten Sie Gott um Vergebung. Schon Ihre Wut, Ihre Aggression und Ihr Ärger sind etwas, das Sie belastet und das Sie und Ihre Beziehung zu Gott und den Menschen kaputtmacht. Außerdem sollten wir eines nicht vergessen: Viel öfters, als wir denken, tragen wir einen Teil der Schuld daran, dass eine andere Person an uns schuldig geworden ist.

2. Schritt: Segnen Sie!

Jesus fordert uns auf, etwas zu tun, das uns zutiefst zuwider ist: »Segnet die, die euch verfluchen!« Wünschen Sie den Menschen, die Ihnen Schlechtes getan haben, Gutes. Bitten Sie Gott, dass er bei diesen Leuten ist und ihnen ein gelungenes Leben schenkt. Das mag uns absurd erscheinen, aber tief in uns verändert sich etwas, wenn wir unseren Gegnern nur das Beste wünschen. Das bedeutet aber auch, dass Sie, wenn die Person, die Sie jetzt vor Augen haben, das nächste Mal »feinfühlig« über Ihre Nerven trampelt oder Sie mit bösen Worten trifft, der Versuchung standhalten sollten, zurückzuschießen. Versuchen Sie dagegen offen, positiv und freundlich zu antworten. Widerstehen Sie auch der Versuchung, sich hinter dem Rücken des anderen über ihn zu beschweren oder ihn zu kritisieren. Nach dem Motto: »Eigentlich sollte ich es ja nicht sagen, aber was der sich wieder geleistet hat …« Wenn bei Ihnen das nächste Mal der Kragen zu platzen droht oder das Wutbarometer steigt, drücken Sie auf Ihre innere Stopptaste, atmen Sie zweimal tief durch, segnen Sie Ihren Widersacher in Ihrem Herzen, und erzählen Sie anderen etwas Gutes über ihn. Wer andere Menschen segnet, wird über kurz oder lang seinen Hass begraben, weil Segnen ein Akt der Liebe ist.

3. Schritt: Lieben Sie!

Wenn Jesus »Liebet eure Feinde« sagt, dann meint er damit nicht, dass wir die Missetaten und unschönen Handlungen der anderen gutheißen sollen. Es geht ihm darum, dass wir möglichst schnell lernen sollen, zwischen einer Person und dem, was sie tut, zu unterscheiden. Die größte Spannung zwischen zwei Menschen entsteht immer da, wo wir nicht mehr zwischen Person und Sache unterscheiden, sondern diese beiden Ebenen vermischen. In dem Moment, in dem aus Sachthemen und -fragen verletzende oder angreifende Diffamierungen werden, eskaliert ein Streit. Das können Sie überall dort beobachten, wo unterschiedlich gesinnte Menschen aufeinander treffen. Jemand, dessen Persönlichkeit in Frage gestellt wird, kann ja gar nichts anders, als zu kämpfen. Selbst wenn die Sachfrage beigelegt werden könnte, wäre diese Verletzung weiter vorhanden. Es gibt

> *Die größte Spannung zwischen zwei Menschen entsteht immer da, wo wir nicht mehr zwischen Person und Sache unterscheiden.*

Familien, die sind in sich oder mit anderen schon so lange zerstritten, dass die Nachkommen gar nicht mehr wissen, warum es überhaupt diese tiefe Kluft und diese stetige Aggression gibt. Jesus möchte, dass wir mit dem Gebot der Feindesliebe diesem Unsinn ein Ende bereiten. Jesus hat streng und bisweilen unnachgiebig über Sachfragen diskutiert, aber er hat dabei nie die Menschen selbst verletzt oder in Frage gestellt. Wenn Sie anfangen, Ihre Gegner zu lieben, dann gelingt es Ihnen auch, eine Umgangsform zu finden, in der sich die Konflikte beheben lassen.

4. Schritt: Handeln Sie!

Es gibt nichts, das Ihre Haltung Ihrem Gegner gegenüber nachhaltiger verändern wird als gute Taten. Oft müssen wir unseren Kopf und unsere Hände und Füße einfach mal vorschicken – das Herz wird ganz bestimmt folgen. »Tut wohl denen, die euch hassen!«, rät Jesus. Wenn Ihr Konkurrent einen Wettbewerb oder eine Ausschreibung gewonnen hat, senden Sie ihm eine Glückwunschkarte. Wenn Ihr »geliebter« Nachbar eine Panne hat oder Hilfe braucht, stellen Sie sich zur Verfügung. Wenn Ihr Kollege Sie schon wieder gemobbt hat, dann bügeln Sie das nächste Mal einen Fehler aus, den er begangen hat. Kleine Zeichen haben große Auswirkungen. Unterbleiben allerdings diese Friedensangebote, dann kann der Streit ewig weitergehen. Gehen Sie gegebenenfalls den ersten Schritt. Wenn nötig, entschuldigen Sie sich. Auch wenn Sie subjektiv das Gefühl haben, im Recht zu sein, wäre der Streit nie so eskaliert, wenn der andere sich nicht seinerseits irgendwo verletzt gefühlt hätte. Sie müssen dem anderen nicht Recht geben, aber sagen Sie ihm, wie Leid Ihnen diese Entwicklung tut. Wer den ersten Schritt geht, lädt den anderen ein, entgegenzukommen.

5. Schritt: Versöhnen Sie!

Als Journalist habe ich gelernt, dass man immer sechs Fragen stellen muss, wenn man einen Bericht schreibt: wer, was, wo, wann, warum und wie. Wir haben alle vor unseren Augen, wer unser Schuldner ist, was wir tun sollen, warum es Sinn macht zu vergeben und wie wir vergeben können. Es bleiben also nur noch zwei Fragen offen: Wann und wo werden Sie Frieden schließen? Diese Fragen können aber nur Sie beantworten. Machen Sie den Anfang, und sorgen Sie dafür, dass Ihr erklärtes Ziel die Versöhnung und nicht Ihr Sieg ist. Überlegen Sie konkret, zu welchem Zeitpunkt und an welcher Stelle Sie den entscheidenden Schritt gehen. Denn wenn Sie nicht dauerhaft leiden wollen, dürfen Sie eines nie vergessen: Es gibt Siege, die kosten so viele Opfer, dass sie eigentlich eine Niederlage sind. Schlagen Sie sich die aus dem Kopf. Sie siegen sich damit zu Tode. Dagegen gibt es kleine Niederlagen, Zugeständnisse und Kompromisse, die Ihnen und Ihrem Ego wie ein Verlust erscheinen mögen, die aber letztlich ein grandioser, weil ehrlicher Sieg sind. Weil Ihre Gedanken endlich wieder frei sind für die wirklich wichtigen Dinge, weil Sie etwas für Ihr Leben gelernt haben und weil die Angst vor den möglichen Entwicklungen des Konflikts vorüber ist.

Vor einigen Jahren trafen sich im Staat Mississippi Gruppen von Schwarzen und Weißen zu Gesprächen. Sie wollten klären, warum immer noch Argwohn und offener Hass ihr Verhältnis zueinander bestimmte. An einer Stelle stand ein junger schwarzer Pastor auf und sagte erbost: »Es hat in diesem Staat in den letzten Jahren fast 700 Fälle von Lynchjustiz gegeben, bei denen Farbige die Opfer waren, aber ich habe noch nie einen weißen Pastor gegen Rassismus predigen hören. Ich muss jetzt und hier wissen, warum?« Der Raum vibrierte vor Spannung. Alle rechneten mit neuen Vorwürfen, Beleidigungen und einer weiteren Welle der Wut. Nach einer ewig erscheinenden Pause, in der niemand etwas sagte, stand ein alter weißer Pastor auf. Er hätte sich ärgerlich verteidigen, seinerseits Anschuldigungen erheben oder rational erklären können, dass er nichts Falsches getan habe. Aber er sagte ganz ruhig: »Ich denke, diese Frage galt mir. Um Ihnen die Wahrheit zu sagen: Ich hatte Angst. Und wenn ich meine Kollegen richtig einschätze, kann ich nur sagen: Wir alle hatten Angst. Angst vor unseren Leuten, vor unseren Gemeinden und den Konsequenzen. Daher haben wir nichts unternommen. Und die Wahrheit ist auch: Ich weiß nicht, wie ich das wieder gutmachen kann. Ich würde gerne die Zeit zurückdrehen, aber ich kann es nicht. Alles, was ich tun kann, ist, Ihnen zu sagen, dass es mir Leid tut. Es tut mir Leid.« Die beiden ehemaligen Gegner gingen aufeinander zu und fielen sich in die Arme. Kein Auge blieb in diesem Saal trocken. Das ist Versöhnung!

Jesus sagt: »Liebt eure Feinde und betet für die, die euch verfolgen. So erweist ihr euch als Kinder eures Vaters im Himmel.«

Kapitel 5

Kirche ohne Grenzen

Ein Traum von Kirche

*I*n diesem Kapitel lesen Sie, warum Grenzen letztlich auch etwas mit unserer Beziehung zu Gott zu tun haben, warum wir allzu oft darum ringen, unsere Freiheit zu retten und uns damit nur noch fester anketten, und warum wir letztlich auch Gott ganz gern in seine Schranken weisen möchten. Wenn Paulus sagt: »Mir ist alles erlaubt, aber es darf mich nichts gefangen nehmen«, dann weist er nicht nur auf dieses Dilemma hin, er zeigt auch einen Ausweg. Dort, wo es gelingt, zwischen selbst gesetzten und unverrückbaren Grenzen zu unterscheiden, kann man festgefahrene Muster aufsprengen und neue Schritte wagen.

Vor langer Zeit, in den Jugendzeiten des Fernsehens, gab es eine Sendung mit dem Titel »Spiel ohne Grenzen«. Vielleicht erinnert sich die eine oder der andere noch daran. Dieses Konzept war ein Vorläufer der so genannten »Game Show«, aufgebaut auf dem uralten Prinzip der Staffeln. Verschiedene Gruppen traten gegeneinander an und mussten möglichst schnell etwas möglichst Blödsinniges erledigen. Zum Beispiel Gummipinguine mit einer Armbrust in das Maul eines Eisbären schießen oder an Lianen über einen Wassergraben zu einem Plastikschloss schwingen und dort eine Prinzessinnenpuppe küssen. Eierlauf oder Sackhüpfen sind dagegen ein hochintellektueller Zeitvertreib. »Grenzenlos« hieß in diesem Zusammenhang: Man hat grenzenlos Spaß, wird grenzenlos nass, benimmt sich grenzenlos kindisch und der Zuschauer amüsiert sich am grenzenlosesten. Schließlich wollten wir nicht sehen, wie die Leute gewinnen, sondern wie sie mit einem schrillen Schrei ins Wasser stürzten und triefend wieder herauskamen.

Unser Thema heißt aber nicht »Spiel«, sondern »Kirche ohne Grenzen«. Die Frage ist: Was meint man damit eigentlich? Offensichtlich geht es bei uns ja weder um grenzenloses Amüsement noch um eine Kultivierung der Schadenfreude. Und dass die Kirche viele Grenzen hat, mit denen sie nicht immer weise umgeht, ist auch sehr vielen Christen bewusst. Wie sieht also eine Kirche ohne Grenzen aus? Und wollen wir überhaupt eine? Ist Grenzenlosigkeit für die Kirche ein gutes, ein passendes und ein hilfreiches Attribut?

Viele Umfragen belegen, dass einer der Hauptvorwürfe an die Kirche heute der ist, dass sie so grenzenlos geworden sei, dass man überhaupt nicht mehr wisse, worin ihr eigentlicher Zweck und Auftrag bestehe. Die Kirche möchte zwar zu allem ihren Senf dazugeben, aber was das mit Gott und dem Glauben auf sich hat, behält sie meist für sich. So zumindest empfinden die Befragten es – und alle Insider sollten eine solch eindeutige Rückmeldung sehr ernst nehmen.

Wenn wir in der Andreasgemeinde – was wir regelmäßig tun – nachfragen, zu welchen Themen die Menschen gerne einmal einen Gottesdienst feiern würden, sind wir jedes Mal überrascht, dass als Rückmeldungen fast ausschließlich sehr grundsätzliche und rein theologische Anliegen genannt werden. Niemand wünscht sich einen Kirchenrave, ein christliches Internetcafé oder eine Auslegung zur Bachblütentherapie. Die Fragen sind klar und deutlich: »Wie kann ich Gott kennen lernen?«, »Kann man Gott beweisen?«, »Wie komme ich mit meiner Schuld zurecht?«, »Was würde Jesus heute tun?« und viele ähnliche Formulierungen. Offensichtlich bekommen die Befragten in den Basisangeboten der Gemeinden auf ihre Fragen keine klaren Antworten. Und das ist sehr traurig.

Das Problem dahinter muss man aber genauso wahrnehmen: Wer heute als Prediger zu sehr von den Ansprüchen Jesu an das menschliche Leben redet, fordert natürlich heraus – und das scheint inzwischen wenig beliebt zu sein. Die Kirche will niemandem wehtun und sich keine Feinde machen, darum beschränkt sie sich auf moralische Ermahnungen: »Treibt doch nicht so viel ab! Müsst ihr immer Kriege führen? Wir sind mit allen im Dialog.«

Damit mich keiner falsch versteht: Ich bin ein absoluter Befürworter jeglichen Dialogs und der Letzte, der Sprachlosigkeit möchte. Aber ich sehe nicht ein, warum »Dialog« allzu oft bedeuten soll, dass wir als Kirche keinen Standpunkt mehr haben dürfen. Sie hätten mal die Flut von Briefen sehen sollen, die unser Pastor Kai Scheunemann bekommen hat, als er es wagte, in einer

Predigt aus seiner ganz persönlichen Sicht seinem Glauben den Vorrang vor dem Buddhismus zu geben. Er hat deutlich gesagt: »Entscheiden Sie bitte selbst, was Sie für richtig halten, ich ziehe aus diesen und jenen Gründen das Christentum vor.« Die Reaktionen gingen alle in die Richtung: »Wie können Sie es wagen, so intolerant zu sein?« und: »Haben nicht alle Recht?« Toleranz heißt für mich, den anderen zu achten, aber nicht, meine Überzeugung zu verstecken oder gar zu verleugnen. Natürlich werde ich niemals jemandem meinen Glauben aufdrängen, aber wenn ich etwas Herrliches in meinem Leben erfahre, möchte ich doch anderen davon erzählen. Täte ich es nicht, wäre ich nicht tolerant, sondern lieblos. Also: Kirche ohne Grenzen – ich weiß nicht.

Der Begriff »Definition« stammt übrigens vom lateinischen Wort *fines* (»Grenze«) ab. In dem Augenblick, in dem ich etwas definiere, einen benennbaren Charakter habe und ein Individuum bin, gibt es in meinem Leben Grenzen – denn die erst kennzeichnen mich. Ein Wesen oder eine Institution ohne Grenzen wäre nicht nur undefinierbar, sondern auch völlig konturlos. In diesem Sinne bräuchten wir möglicherweise wieder einmal klarere Grenzen in der Kirche (was keinesfalls heißen darf, dass Andersdenkende diffamiert werden). Eine Kirche mit klareren Grenzen hätte auch einen klareren Charakter.

Ein Wesen oder eine Institution ohne Grenzen wäre nicht nur undefinierbar, sondern auch völlig konturlos.

Und noch etwas anderes darf man nicht vergessen: Es wird nie eine Kirche ohne Grenzen geben. Warum? Die Kirche besteht aus Menschen, und Menschen haben nun einmal Grenzen. Es herrscht immer noch der Irrglaube, in den Gemeinden müsse alles perfekt sein. Das ist die perverse Sehnsucht nach einer »unmenschlichen« Kirche. Viele Christen wünschen sich eine »unmenschliche« Kirche, weil sie ihre eigene Fehlerhaftigkeit nicht ertragen. Aber die vollkommene Kirche wird niemals existieren: Dass wir von anderen Christen wieder und wieder enttäuscht werden, ist eine gegebene Grenze, und wir machen uns etwas vor, wenn wir glauben, das würde jemals anders – und wir könnten daran die Wahrheit des Evangeliums messen. Wer die Wahrheit des Christentums an den Christen messen will, wird immer einen Aspekt finden, den er kritisieren kann. Denn das wäre so, als würde ich sagen: »Weil es Wolkentage gibt, glaube ich nicht an die Wirkung der Sonne.« Wer für eine Gemeinde kämpft, in der es keine Sünde mehr gibt, der vergeudet seine Zeit; und das tun sehr viele. Was nicht heißt, dass ich nicht davon überzeugt bin, dass wir in unserer Gemeinde unendlich viel liebevoller und gesünder miteinander umgehen könnten und sollten, als das momentan passiert. Nicht durch Zufall waren die ersten Gemeinden auch dafür bekannt, dass dort viele Grenzen gefallen waren, die in der damaligen Gesellschaft überall zu Ausgrenzungen führten: Bei den frühen Christen war man nicht nur freundlich, sondern grenzenlos offen gegenüber Sklaven, Frauen, Ausländern, Kranken oder Einsamen – gesellschaftlich Verachteten, die dort endlich wie Menschen behandelt wurden. Und ich erlebe in unserer Gemeinde eine Form von Freundschaft, Fürsorge, Liebe und Gemeinschaft, die ich persönlich noch nirgendwo in dieser Form gefunden habe. Aber die Grenze der Menschlichkeit ist gegeben. Und das muss man ehrlich eingestehen. Gemeinden, die sich mit ihrer Wohlanständigkeit brüsten, würde ich immer mit großer Vorsicht begegnen. Die größten Gaben in einer Gemeinde sind nun einmal Liebe und Vergebung, denn das sind Gaben Gottes!

Was ist nun mit den Grenzen in der Kirche?

Das eigentliche Problem der Grenzen taucht in der Kirche an einer ganz anderen Stelle auf, nämlich da, wo wir selbst Mauern errichten. Dieses Phänomen gibt es auch bei Einzelpersonen; bei Institutionen ist es aber besonders ausgeprägt: Traditionen, Lobbyisten und Verhärtungen sorgen für künstliche Grenzen, die nicht sein dürften. Aus Angst vor der Freiheit des Glaubens engen wir selbst unseren Spielraum immer weiter ein. Plötzlich werden wir gerade an den Stellen unbeweglich, an denen sich endlich etwas bewegen müsste. Darum lautet unsere wichtigste Aufgabe: Wir müssen lernen, zwischen gegebenen und selbst gesetzten Grenzen zu unterscheiden. Unser Problem besteht nämlich darin, dass wir einen Großteil unserer Energie an Grenzen verbrauchen, die wir gar nicht ändern können, während wir dort, wo Entwicklungen möglich wären, nicht anzufangen wagen. Dahinter verbirgt sich ein klassisches Persönlichkeitsproblem: Durch den Kampf an falschen Fronten drücken wir uns vor den eigentlichen Herausforderungen.

Wir müssen lernen, zwischen gegebenen und selbstgesetzten Grenzen zu unterscheiden.

Der Managementprofessor Peter Drucker sagt: »Die meisten Menschen glauben zu wissen, in welchen Dingen sie gut sind – und liegen dabei in der Regel ziemlich falsch. Besser wissen sie, was sie nicht können – und selbst da irren sich die meisten eher, als dass sie richtig liegen.« Drucker erklärt mit dieser These, warum so viele Menschen unglücklich sind: Sie bemühen sich, eine Grenze zu überschreiten, die sie nicht überschreiten können, während sie in den Bereichen, in denen sie große Potenziale haben, nicht weiterkommen. Das ist nicht nur Ressourcenverschwendung, sondern vor allem ineffektiv: »Es erfordert viel mehr Energie, sich von völliger Inkompetenz auf Mittelmaß emporzuarbeiten, als von erstklassiger zu außergewöhnlicher Leistung vorzustoßen.« Bezüglich der Personalführung ergänzt der Wissenschaftler: »Trotz dieser Erkenntnisse konzentrieren sich die meisten darauf, aus unbefähigten Menschen mittelmäßige zu machen. Stattdessen sollten Energie und Zeit besser darauf verwandt werden, kompetente Menschen zur Höchstleistung zu bringen.«

Nehmen Sie sich doch einmal die Zeit, und überlegen Sie, ob Sie nicht bisweilen gegen Grenzen ankämpfen, die Sie gar nicht überwinden können, während Sie natürliche Begabungen übersehen. Könnte es sein, dass Ihre Anstrengungen und Bemühungen an der falschen Stelle ansetzen? Wir versuchen allzu oft, eine Mauer zu durchbrechen, während ein paar Schritte weiter eine Tür ist, die wir nur öffnen müssten.

Ich habe eine Gesangsausbildung genossen und erinnere mich noch gut an eine Stunde, in der mein Lehrer sehr frustriert dasaß, weil ein Schüler ganz grausam sang. Später fragte ich ihn: »Wollen Sie dem wirklich Singen beibringen?« – »Nein«, sagte er, »singen kann man das nicht nennen, ich helfe ihm nur, ökonomischer zu schreien.« Und dann hat er mir einmal in einer stillen Stunde erzählt, wie viele Leute er kennt, die fest davon überzeugt sind, dass sie singen können, die über Jahre hinweg Unterricht nehmen, ihre Familien schikanieren und letztlich doch nie glücklich werden, weil sie selbst spüren, dass ihre Stimme wie eine Karnevalsquietsche klingt.

Gleichzeitig bleiben grenzenlose Potenziale ungenutzt, weil wir zu wenig Selbstvertrauen haben. In unserer Gemeinde bieten wir regelmäßig Seminare an, die den Menschen dabei helfen sollen, schlummernde Gaben zu entdecken und zu entfalten. Und viele unserer begabtesten Schauspieler, Musiker, Beter, Lektoren, Organisatoren, Sänger oder diakonisch Tätigen, um nur ganz wenige zu nennen, haben überhaupt nicht gewusst, was in ihnen steckt. Und wenn sie es gewusst haben, dann wären sie wahrscheinlich nie von sich aus auf die Idee gekommen, diese Gaben zu fördern.

Das Gleiche gilt für Gemeinden, bei denen ja eigentlich eine geistliche Motivation zur Entfaltung vorhanden sein sollte: Ich habe von unserer Kirche den Sonderauftrag erhalten, durch die Lande zu reisen und Gemeinden bei der Entwicklung von Gottesdiensten und Konzepten zu beraten. Und das häufigste Bremser-Argument, das ich höre, lautet: »Na, so was können wir nicht. Das schaffen wir nicht!« – »Ja«, sage ich dann etwas salopp, »in der Bibel steht aber: Alles ist möglich dem, der glaubt.« Darauf höre ich immer die erschreckende Antwort: »Das ist doch wohl symbolisch gemeint.« Ich glaube das nicht. Ich bin überzeugt, dass Gott uns Fähigkeiten geschenkt hat, von denen wir kaum zu träumen wagen. Aber wer das nicht glauben kann oder will, der wird sich natürlich auch nicht daran wagen.

Glauben Sie noch, dass Gott in dieser Welt Berge versetzen kann, glauben Sie, dass Sie über das Wasser gehen können, wenn Gott Ihnen hilft? Glauben Sie wirklich, dass der, der sucht, auch finden wird? Wenn Sie das alles *nicht* glauben, dann wundern Sie sich bitte nicht, wenn Sie so etwas auch nicht erleben. Wie viele Leute beten inniglich um etwas, trauen Gott aber gar nicht zu, dass er etwas verändern kann. Wenn wir Gott nicht zutrauen, dass er Wunder vollbringen kann, werden wir auch keine erleben. Wer sich aber darauf einlässt, dass Gott etwas mit dieser Welt vorhat, der wird wahre Wunder erleben.

Wie kann man lernen, zwischen selbst gesetzten und gegebenen Grenzen zu unterscheiden?

1. Wir müssen kritikfähig werden, und das geht nur mit ehrlichen Gesprächen. Und jetzt kommen wir zu einer echten christlichen Grenzenlosigkeit: Eine Gemeinde sollte der Ort sein, an dem ich anderen liebevoll, aber deutlich sagen kann, wie ich sie erlebe. Und ein Ort, an dem ich mir gerne sagen lasse, wie ich wahrgenommen werde, weil ich weiß, dass die anderen es gut mit mir meinen. Hier sollte es keine Tabus geben. In den ersten Jahrhunderten waren Beichten immer öffentlich. Man ging davon aus, dass die Atmosphäre der christlichen Gemeinschaft so entspannt ist, dass in ihr jeder ehrlich sagen kann, was ihn bedrückt und bedrängt und bei allen Freuden und Fehlern getragen wird. Natürlich gibt es gute Gründe dafür, dass am Ende des ersten Jahrtausends die Privatbeichte immer häufiger die öffentliche Beichte ablöste. Dennoch sollten wir das Ideal einer Gemeinde anstreben, in der ich nichts verbergen muss, in der ich alles sagen kann und in der es mir gut tut, alles zu sagen. Ehrlichkeit halte ich für eine der schönsten Grenzenlosigkeiten.

2. Wir brauchen Offenheit für Veränderungen; auch die Offenheit, falsche Ziele und festgefahrene Formen aufzugeben. Und das tut weh. Aber genau das passiert allen Menschen, die Jesus begegnen, sie werden von Fischern zu Missionaren, von Kranken zu Gesunden, von Traurigen zu Fröhlichen. Kirche sollte ein Ort sein, an dem Menschen nicht auf eine Rolle festgelegt werden, sondern an dem man ihnen Raum zum Wachsen und Reifen gibt. Luther betont eindringlich, dass Glauben kein Sein, sondern ein Werden ist. Darum sollte es zu den Selbstverständlichkeiten einer Gemeinde gehören, dass dort sowohl der Einzelne als auch die Gemeinschaft einen Wachstumsprozess durchlaufen, in dem es immer wieder zu Kursänderungen und Korrekturen kommt. Aber gerade das ist vielen Leuten ein Sakrileg. Sie sind davon überzeugt, dass Unveränderlichkeit ein christlicher Wert sei. Eine Kirche, die den Wandel ablehnt, der notwendig ist, um in sich verändernden Zeiten das Evangelium in verständlicher Form zu den Menschen zu bringen, handelt nicht weise, sondern menschenverachtend. Und auch diese Frage kann man sich sehr persönlich stellen: Wo bin ich eigentlich bereit, noch einmal ganz neue Wege zu gehen?

3. Wir sollten wieder bewusster anfangen, Gott zu fragen, was er eigentlich mit uns, mit unseren Gemeinden und mit der Institution Kirche vorhat. Könnte es vielleicht sein, dass eine der engsten Grenzen der Kirche darin besteht, dass sie nur noch in ihren eigenen Dimensionen und zu selten in Gottes Dimensionen denkt? Wenn die Entwicklung der Gemeinden davon abhängt, was wir uns als Menschen zutrauen, dann haben wir nicht allzu viel zu erwarten. Ich habe häufig den Eindruck, dass alle aktuellen Fragen ausschließlich mit menschlichen Kategorien bemessen und die Zukunftsperspektiven an unseren Möglichkeiten ausgerichtet werden. Die dringliche Frage lautet nicht: »Was können wir aus dieser Kirche machen?«, sie lautet: »Was will *Gott* aus dieser Kirche machen?« Wir müssen also unsere Grenzen sprengen, wenn wir Gott ans Werk lassen wollen. Kirche sollte der Ort und das Miteinander sein, in dem wir als Gemeinschaft darauf hören, was Gott sagt. Wenn wir auf die Frage: »Glauben wir, dass Gott mit seiner Kirche in dieser Welt etwas bewegen will?«, begeistert mit Ja antworten und auch so leben, dann wird sich in dieser Kirche und in dieser Welt auch etwas bewegen.

Lassen Sie uns die Grenzen in der Kirche betrachten:

A. *Welche Grenzen werden wir letztlich nie verändern?*
Hier einige Beispiele:

- die Fehlerhaftigkeit der Christen,
- die Kleingläubigkeit,
- die Sehnsucht, Gott auf etwas festzulegen,
- die Suche nach Traditionen,
- den natürlichen Egoismus der Gläubigen,
- die Schwerfälligkeit der Institution.

Und genau in diesen Bereichen investiert die Kirche am meisten Energie. Es wird auch weiter notwendig sein, diesen Fragen große Aufmerksamkeit zu schenken, aber sie dürfen nicht zum Selbstzweck werden.

B. *Welche Grenzen sind absolut selbst gemacht?* Auch dazu einige Beispiele:

- die Trennung der Konfessionen,
- die Trennung von Sonntags- und Alltagsglauben,
- die Gottesdienst- und Gemeindeformen,
- die Angst vor gelebter Gemeinschaft,
- die Furcht, sich auf Gott ganz einzulassen,
- die Unsicherheit, als Christ sein Leben genießen zu dürfen.

Wie schwer man sich das Leben macht, wenn man an den falschen Fronten kämpft, weil man nicht zwischen selbst gemachten und absoluten Grenzen unterscheidet, möchte ich am Schluss an einer markanten Erfahrung von Paulus deutlich machen.

Der Apostel merkt eines Tages voller Schreck, dass ihm nichts mehr gelingt. Er ist an eine Grenze gekommen. Und das Ganze passiert auch noch während einer Missionsreise. Was ist das Schlimmste für einen Missionar? Nun, ganz einfach: Der »Erfolg« bleibt aus, es bekehrt sich niemand mehr. Plötzlich erlebt der Apostel überall Ablehnung, man lacht ihn aus, und es scheint, dass seine Botschaft, die vorher überall die Menschen begeistert hat, an Kraft verliert. Und damit ist nicht nur diese Reise, sondern das Leben von Paulus in Frage gestellt. Er hat sich voller Enthusiasmus vorgenommen, das ganze Gebiet der heutigen Türkei zu missionieren, und nun gerät er in eine Sackgasse. Die Erfüllung seines Traums scheint in weite Ferne gerückt zu sein.

In dieser Situation macht Paulus etwas sehr Gefährliches. Er sagt sich: »Wenn es in dieser Ortschaft nicht klappt, dann versuche ich es eben in einer anderen. Ich werde meinen Auftrag nicht grundsätzlich in Frage stellen lassen.« *An mir kann es nicht liegen.* Dieses Denken ist heute noch wesentlich stärker verbreitet als damals. Ich erschrecke sehr, wenn mir Christen bisweilen sagen: »Wenn die Leute nicht mehr in die Gottesdienste kommen, liegt das nicht an den Gottesdiensten, sondern an den Leuten.« Das ist nichts anderes als Hochmut und Egoismus. Das gleiche Phänomen findet man übrigens auch auf der anderen Seite: Ich kenne einige Leute, die alle zwei Jahre die Gemeinde wechseln, weil sie nicht erkennen, dass es ihre Grenzen sind, die immer wieder zur Unzufriedenheit führen.

Paulus hätte völlig umdenken müssen, was ihm an anderer Stelle ja immer wieder vorbildlich gelungen ist, aber in diesem Augenblick kann er das nicht. Warum?

a) Er hatte für sein Ziel, bei den Heiden missionieren zu dürfen, hart gekämpft. Er musste auf dem Apostelkonzil hart mit Jakobus und Petrus ringen. Und erst nach langen Verhandlungen hatten die Jerusalemer Christen

106

überhaupt erlaubt, dass Paulus zu Nichtjuden gehen durfte. Und dieser hart umkämpfte Beschluss setzte den großen Missionar unter Druck. Jetzt wollte, nein, jetzt *musste* er Erfolg haben. Dieses Gefühl kennen wir alle. *Je intensiver wir uns für eine Sache eingesetzt haben, desto schwerer fällt es uns, damit wieder aufzuhören:* »Ich mache nichts Neues, weil ich für das Alte ja hart gekämpft habe.« Gerade in der Kirche wimmelt es von solchen Vorstellungen: Da gibt es die Liturgie, die Orgel, den Talar, den Papst oder die Marienverehrung. All diese Dinge wurde zu ihrer Zeit hart erkämpft, die können doch nicht falsch sein. Dass all diese Dinge ihrerseits andere Formen verdrängt haben, die oft nicht einmal im Ansatz biblisch sind und möglicherweise neuerdings einer Aktualisierung bedürfen, machen wir uns gar nicht mehr bewusst.

b) Paulus hat zwar einige Misserfolge erlebt, aber *weil er mit den gleichen Methoden, die jetzt niemanden mehr ansprechen, schon fantastische Erfolge erlebt hat, kann er nicht glauben, dass sie verändert werden müssen.* Wenn ich Zeuge war, wie eine bestimmte Predigt Dutzende, vielleicht Hunderte von Menschen zum Glauben geführt hat, will ich aus verständlichen Gründen nicht wahrhaben, dass sich möglicherweise die Verhältnisse, die Zeiten oder die Menschen so geändert haben, dass ich damit inzwischen an meinen Zuhörern vorbeirede. Was gestern gut war, muss nicht heute auch noch gut sein. Das Evangelium ist im Laufe der Kirchengeschichte in unzähligen Sprachen, Stilen, Auslegungen, Kommunikationsarten, Umgebungen, musikalischen Rahmen und Elementen verkündet worden. Und die Traditionen, die wir heute bewahren, sind in der Regel erst in den letzten Jahrhunderten entstanden. Und trotzdem kämpfen viele Menschen darum, als wären diese Formen selbst heilig. Grenzen loswerden heißt auch, eigene Erfolgsmuster in Frage zu stellen. Heute sind für viele kirchendistanzierte Menschen die Kirchen abschreckend: leere Gottesdienste, unglaubwürdige Christen, überholte Lebenskultur. Aber weil unsere Kirchen früher besser besucht waren, meinen wir, wir dürften weder Methoden noch die Sprache und die Liedtexte verändern.

c) Paulus hatte sich selbst Ziele gesteckt. Das war nicht nur ein Missionsmodell, das war ein Lebenstraum, den Paulus umsetzte. Er wollte die römische Provinz Asia, die heutige Türkei, bekehren. Aber genau dieser Traum wurde von Gott in Frage gestellt. Nicht, weil er falsch gewesen wäre, sondern weil er zu klein war. *Gott stellt unsere Träume oft in Frage, weil sie zu klein sind.* Wir denken nun einmal nur in menschlichen Kategorien und haben uns mit der Zeit so in unseren Traum vernarrt, dass wir überhaupt nicht mehr wollen, dass jemand daran rüttelt. Und dabei wird es uns sogar gleichgültig, ob man uns den Traum wegnehmen oder in einen größeren Rahmen setzen will. Für uns heißt eine solche Anfrage faktisch, dass wir etwas Liebgewordenes und Entscheidendes aufgeben müssen. Und das fällt uns schwer. Es ist uns schwer genug gefallen, so groß zu denken, wie wir denken, und dann kommt jemand und sagt: »Du könntest noch viel mehr erreichen, wenn du nur wolltest.«

Denn genau das passiert Paulus. Gott kommt durch eine Erscheinung zu ihm und sagt: »Fange an, groß zu denken. Du sollst nicht nur die Provinz Asia bekehren, du sollst Europa missionieren. Was du nicht für möglich gehalten hast, was du nicht einmal zu denken gewagt hast, ist bei mir möglich. Deine Grenzen sind nicht meine Grenzen. Löse dich von dem hart Umkämpften, den überholten Erfolgsrezepten und den selbst gesetzten

Zielen – und vertraue darauf, dass ich etwas viel Besseres für dich habe. Du erreichst in der Provinz Asia nichts mehr, weil dein Auftrag inzwischen viel größer ist. Die Grenzen, die dich einengen, hast du dir selbst gesetzt. Befreie dich davon und folge meinem Wort.« Das, was Paulus Angst und Schrecken bereitet hat, war die Vorbereitung auf seine größte Aufgabe: der Beginn eines christlichen Europas. Könnte es sein, dass wir endlich wieder einmal von vollen Kirchen, veränderten Menschenleben und begeisternden Gemeinden träumen müssten? Wir haben einen großen Gott, der immer ein Stück mehr vermag, als wir für möglich halten. Wenn wir danach leben, als Einzelne und als Kirche, dann wird das Reich Gottes in dieser Welt aufblühen.

Könnte es sein, dass wir endlich wieder einmal von vollen Kirchen, veränderten Menschenleben und begeisternden Gemeinden träumen müssten?

Kapitel 6

Vom Umgang mit Fehlern
in der Gemeinde

In diesem Kapitel lesen Sie, dass wir trotz oder vielleicht gerade wegen unserer Sehnsucht nach Harmonie in den Gemeinden nur selten so mit Menschen umgehen, wie Jesus es getan hat. Oder würden wir einem Mann verzeihen, der wie Petrus dreimal hintereinander seinen Glauben verleugnet hat? Letztlich hängt an der Erkenntnis, dass wir »allzumal Sünder« sind, nicht nur die Atmosphäre, sondern die Existenz einer Gemeinde. Was eine fehlerfreundliche Gemeinde auszeichnet und wie man dazu beitragen kann, dass sich ein Geist der Akzeptanz ausbreitet, zeigen wir anhand einiger zentraler Merkmale.

Ein Stern war vom Himmel gestürzt. Der junge Pastor einer Gemeinde hatte versagt. Irgendwie war es ruchbar geworden. Irgendjemand hatte geplaudert. Und die Presse hatte es natürlich gnadenlos ans Tageslicht gezerrt: »Ein Pastor, der sündigt« – welch eine schöne Schlagzeile. Mag mancher den Glauben auch längst abgehakt haben, so etwas liest er dann doch mit großem Interesse. Ein Skandal! Nicht nur einmal, nein, gleich dreimal hatte der Pastor Dinge getan, die man als Pastor einfach nicht tut. Die Gegner des Mannes rieben sich die Hände und seine Freunde gingen vorsichtig auf Distanz. Und im ganzen Ort fragte man sich, ob mit dem Fall des jungen Gemeindeleiters nicht die Integrität des gesamten Christentums in Frage gestellt wäre. Am folgenden Tag würde der Gemeinderat über seine Zukunft bestimmen. Und dem unglücklichen Mann war nur allzu klar, wie die Entscheidung ausfallen würde.

Der Pastor liebte seinen Beruf. Und seine Arbeit war für ihn mehr als nur ein Broterwerb. Sie war im wahrsten Sinne des Wortes eine Berufung. Er meinte wirklich ernst, was er sagte. Aber er war schwach geworden, ganz einfach schwach. Und nun war es mit Händen zu greifen: »Der ist nicht zu halten, dieser Mann. Das wäre schlecht für das Renommee der jungen Gemeinde. Er ist eben noch nicht reif genug, um die Gemeinde zu führen.« Niemand wusste das besser als der Pastor selbst. Er setzte sich irgendwo an den Wegesrand und weinte. Doch wen kümmerten seine Tränen? Also fing er an zu beten: »Dreimal habe ich versagt, und ich kann keine Garantie dafür abgeben, dass ich es nicht wieder tun werde. Herr, du weißt, dass ich dich liebe. Aber ich kann deinen Auftrag nicht ausführen. Nicht, ohne deine Sache in Misskredit zu bringen. Herr, auf so tönerne Füße kannst du dein Reich nicht bauen. Die anderen sind einfach besser. Ich habe es probiert, aber ich schaffe es nicht. Vergib mir meine Vermessenheit und such dir einen anderen.«

Er schloss die Augen und ging seinen Gedanken nach. Plötzlich hörte er Jesus zu sich sprechen:

> »›Simon, Sohn von Johannes, liebst du mich mehr als die hier mich lieben?‹ Petrus antwortete: ›Ja, Herr, du weißt, daß ich dich liebe.‹ Jesus sagte zu ihm: ›Sorge für meine Lämmer!‹
> Ein zweites Mal sagte Jesus zu ihm: ›Simon, Sohn von Johannes, liebst du mich?‹ ›Ja, Herr, du weißt, daß ich dich liebe‹, antwortete er. Jesus sagte zu ihm: ›Leite meine Schafe!‹
> Ein drittes Mal fragte Jesus: ›Simon, Sohn von Johannes, liebst du mich?‹ Petrus wurde traurig, weil er ihn ein drittes Mal fragte: ›Liebst du mich?‹ Er sagte zu ihm: ›Herr, du weißt alles, du weißt auch, daß ich dich liebe.‹ Jesus sagte zu ihm: ›Sorge für meine Schafe!‹« (Joh 21,15–17).

Wie hätten Sie entschieden, wenn Sie der Gemeinderat dieser Gemeinde gewesen wären und Petrus wäre Ihr Pastor gewesen? Petrus hat dreimal Jesus verleugnet – das ist nun wahrhaft schlimmer als jedes ethische Vergehen. Eine seltsame Vorstellung: Hätte damals nicht Jesus, sondern ein Gemeinderat über das Schicksal dieses Gestrauchelten entschieden, wäre möglicherweise ein Mann wie Petrus kaltgestellt und aus dem Verkehr gezogen worden. Ich weiß nicht, wie Sie entschieden hätten, aber ich weiß, wie in der Kirche in solchen Fällen oft gehandelt wurde. Es ist wie bei einem Politiker, den man mit den Fingern in der Kasse erwischt: Er muss weg! Er ist für die Partei nicht mehr haltbar!

Jetzt frage ich mich: Wenn die Welt und die Kirche ihre »gefallenen Sterne« gleichermaßen behandelt und fallen lässt: Liegt das daran, dass unsere Welt so christlich ist oder liegt das daran, dass das Christentum sich den Maßstäben dieser Welt angepasst hat?

»Ersteres stimmt!«, werden diejenigen sagen, die sich beim großen Kesseltreiben zu den Treibern zählen. Denn ein Verhalten, wie wir es bei dem Pastor erlebt haben, ist nun einfach nicht christlich. Das macht ein Gemeindeleiter nicht: Jesus einfach dreimal in der Öffentlichkeit zu verleugnen. Wo kommen wir denn dahin, wenn das jeder macht? Wir müssen schließlich einen hohen Standard an Integrität aufrechterhalten. Es geht um unsere Glaubwürdigkeit.

Ich persönlich behaupte, dass das gerade keine christliche, das heißt an Christus orientierte, Argumentationsweise ist. Zu mir kam vor Jahren eine der tragenden Säulen unserer Gemeinde und sagte: »Wenn Sie wüssten, was ich für einer bin! Ich möchte, dass Sie, wenn Sie mir in dieser Gemeinde einen Dienst anvertrauen, wissen, auf welch tönerne Füße Sie die ganze Sache stellen.« Ja, ist es denn je anders gewesen? Gibt es auch nur einen einzigen Fuß in der Gemeinde, der nicht tönern ist? Hat Jesus seine Gemeinde je auf etwas anderem aufgebaut als auf tönerne Füße?

Die Frage, die Jesus Petrus stellt, lautet nicht: »Warum hast du das getan?« Sie lautet auch nicht: »Wirst du es nie wieder tun?« Und schon gar nicht: »Wie konntest du nur?« Da sind kein Vorwurf, kein Misstrauen, kein Hass und keine Verurteilung zu hören. Die Frage, die Jesus Petrus stellt, lautet schlicht und klar: »Hast du mich lieb?« – *Hast du mich lieb?* Wenn das der einzige Maßstab wäre, den wir hier in der Kirche an die Menschen anlegen würden, wie viel anders würde es in unseren Gemeinden aussehen! Wenn wir die Menschen nicht nach ihren Fähigkeiten und Begrenztheiten und Stärken und Schwächen und ihrer Selbstdarstellung und nach ihrem Versagen beurteilen würden, sondern einzig und allein danach, ob und in welchem Maß sie Jesus lieb haben.

Im Gespräch mit Petrus, der nun wirklich tief gefallen war – er war der von Jesus berufene Leiter dieser Gruppe, er hatte immer das große Wort geführt –, ist dies das Einzige, was Jesus interessiert: »Hast du mich lieb?« Und als Petrus das stockend bejaht, geschieht das geradezu Unglaubliche: Jesus beauftragt ihn neu: »Weide meine Schafe.«

Ich verwende diese Geschichte als Ausgangspunkt, weil es in diesem Kapitel um die Frage gehen soll, wie wir mit Fehlern in der Gemeinde umgehen sollen. Ich habe weiter oben eine Unterscheidung zwischen »Fehlern« und »Sünden« gemacht, die ich jetzt scheinbar wieder verwische, weil ich in einer Predigt über Fehler den Umgang mit Sünden behandle. Ich mache das aber aus einem ganz bestimmten Grund. Ich meine: Wenn Jesus schon mit *Sünden* derart milde umgeht, wie behutsam müssen wir dann erst mit Menschen umgehen, die lediglich einen *Fehler* gemacht haben. Wer wirklich Christus ähnlicher werden will, müsste im Grunde auch aufhören, sich an den Sünden und Fehlern anderer zu ereifern, zu ergötzen oder auch zu stoßen. »Und so was will Christ sein!« Ich kann diesen Satz nicht mehr hören. Wenn er kein Sünder wäre, wäre er auch kein Christ! Und wenn er alles perfekt könnte, bräuchte er keinen Heiland!

Auf einer meiner Reisen durch die USA fragte ich Daniel Brown, den Pastor der Foursquare-Kirche in Aptos, was das Geheimnis seiner Gemeinde sei. Er gab mir eine ganze Reihe von Antworten, aber das Erste, was er sagte, war für mich besonders eindrücklich. Er antwortete mir: »Wir gehen hier davon aus, dass wir alle Sünder und fehlbare Menschen sind. Das heißt, wenn

> *»Wir regen uns über Fehler nicht auf, sondern wir setzen voraus, dass hier ständig Fehler gemacht werden.«*

hier einer versagt oder ein Projekt in den Sand setzt, zucken wir mit den Schultern und sagen fröhlich: ›Na und, ist das was *Neues*?‹ Wir regen uns über Fehler nicht auf, sondern wir setzen voraus, dass hier ständig Fehler gemacht werden. Wir freuen uns, wenn es anders ist, aber wir erwarten es nicht.«

Daniel Brown verkündet diese Philosophie nicht nur, sondern in seiner Gemeinde wird sie wirklich gelebt. Und das schafft eine unglaublich befreiende Atmosphäre. Es war diese einladende, unverkrampfte, befreiende Atmosphäre, die mich diese Frage überhaupt erst stellen ließ. »Pharisäer und Superchristen«, sagte Daniel, »halten es bei uns nicht lange aus. Großspurigkeit interessiert hier keinen Menschen. Wir wissen, dass wir Sünder sind, und wir reden ausgesprochen offen darüber. Niemand muss sich irgendwie besser darstellen, als er wirklich ist. Wenn einer seine Schwächen und Mängel anspricht, trifft er auf ein Klima der Akzeptanz. Aber wenn hier einer anfängt, das große Wort zu führen, und von seinen Großtaten erzählt, traut ihm keiner. Es prallt einfach ab. Es fällt auf keinen fruchtbaren Boden. Wir halten jede Sünde für vergebbar, außer derjenigen, die eigene Sünde zu leugnen. Denn das heißt ja genau übersetzt: Wegen mir hätte Jesus nicht kommen und sterben brauchen. Ich habe meinen eigenen Heilsweg gefunden.«

Ich frage mich manchmal, ob man das auch von unserer Gemeinde sagen könnte. Ich liebe die herzliche und offene Atmosphäre unter uns. Aber ein neuer Umgangston muss sich ja überall bewähren und er muss überall eingeübt werden. Wie ist das zum Beispiel in Ihren Familien, in den Gesprächen nach dem Gottesdienst, in den Gruppen und Veranstaltungen oder in den Hauskreisen: Reden Sie offen über Ihre Fehler, Sünden und Mängel? Ich hoffe, Sie tun es, denn sonst wird es nie ein wirkliches geistliches Klima in den Gemeinden geben.

Diese Haltung schlägt sich übrigens sehr deutlich in unserer Gottesdienstordnung nieder. Ich werde manchmal gefragt: »Warum wird in unserem Gottesdienst zu Beginn immer das Sündenbekenntnis gesprochen? Das macht doch ein schlechtes Gewissen und wir fühlen uns klein und schrecklich. Hat Gott so was nötig?«

Es könnte aber sein, dass genau das Umgekehrte in der Absicht der Kirche gelegen hat, als sie das so festgelegt hat, und Wissenschaftler, die sich intensiv mit der Geschichte der Liturgie beschäftigt haben, bestätigen, dass wir einiges im Lauf der Geschichte fehlinterpretiert haben: Der ursprüngliche Sinn des »Kyrie« ist nicht der einer pauschalen »Beichte«, wie es meist verstanden wird (dafür gibt es auch eine Form, das »Confiteor«), sondern der Wunsch, dass gleich am Anfang des Gottesdienstes ein Raum geschaffen wird, in dem ich *Entlastung* und Befreiung erfahre. Dass ich mit all dem, was mich belastet, und allen Fragen, die mich beschäftigen, in den Gottesdienst kommen kann, und Gott sagt mir: »Ich weiß, dass du mit allerlei Dingen beladen bist. Ich weiß, dass du ein Sünder bist. Du darfst trotzdem kommen, du *sollst* trotzdem kommen. Ich stoße dich nicht zurück, und schau um dich: Den anderen geht es auch nicht besser als dir, denn sonst würden sie an dieser Stelle ja nicht mitsingen und mitbeten, sondern schweigen.« Wenn wir Sonntag für Sonntag gemeinsam das fälschlicherweise so genannte »Sündenbekenntnis« sprechen und »Herr, erbarme dich« singen, dann sollten wir uns anschließend auch nicht darüber aufregen, dass wir es in der Gemeinde mit lauter Sündern zu tun haben.

Entweder wir fühlen uns zu dieser Gesellschaft dazugehörig oder wir bleiben draußen.

Ich habe mir einmal überlegt, wie eine Gemeinde aussehen würde, in der mit dieser Prämisse ernst gemacht würde. In der man wirklich davon ausgeht, dass wir alle Sünder und fehlbare Menschen sind. Wo man auf Fehler nicht genauso wie überall reagiert. Im Folgenden möchte ich Ihnen fünf Kennzeichen einer solch »fehlerfreundlichen« Gemeinde beschreiben:

1. In einer fehlerfreundlichen Gemeinde gibt es kein Reden hinter dem Rücken von Menschen

Warum reden wir so gerne hinter dem Rücken von Menschen? Warum gibt es in jeder Gemeinde ein gerütteltes Maß an Tratsch und warum sind es eigentlich immer die negativen Seiten der anderen, über die wir uns stundenlang mit Dritten unterhalten können? Vielleicht, weil wir uns, indem wir die Fehler anderer kolportieren, selbst so viel besser vorkommen. Wenn ich über schlechte Seiten eines Menschen rede, sage ich indirekt: »So schlecht bin ich selbst aber nicht.« Anders wäre das in einer Gemeinde, in der jeder davon ausgeht, dass er Sünder ist und Fehler macht. Da bliebe uns der Tratsch doch eher im Halse stecken. Und wir würden uns angewöhnen, lieber über die guten Seiten eines Menschen zu reden als über seine schlechten.

Es gibt aber einen weiteren Grund, warum wir die Fehler eines anderen lieber hinter seinem Rücken besprechen als ihm unsere Einschätzung ins Gesicht zu sagen. Möglicherweise trauen wir uns nicht, seine Fehler offen anzusprechen, aus Angst, ihn zu verletzen, oder auch aus Angst vor seiner Reaktion. Und das kann nur einen einzigen Grund haben: Es ist für uns immer noch nicht selbstverständlich genug, dass wir Sünder sind und dass wir alle Fehler haben. Wäre das für uns völlig klar und könnten wir einigermaßen gelassen damit umgehen, würde sich jeder Grund erübrigen, hinter dem Rücken von Menschen zu reden. Die meisten Dinge würden wir für uns selbst behalten. Und die wenigen, die wir wirklich ansprechen müssten, würden wir der betreffenden Person ins Gesicht sagen.

2. In einer fehlerfreundlichen Gemeinde kann Kritik offen ausgesprochen werden

Ich sage das mit großer Vorsicht. Denn die Tatsache, dass irgendwo Kritik offen ausgesprochen wird, ist oft ein Zeichen dafür, dass eine Gemeinde gerade nicht fehlerfreundlich ist. Das ist auch logisch: Wenn mich Menschen häufig kritisieren, ist das nicht unbedingt ein Zeichen für ein besonders fehlerfreundliches Klima zwischen den Gemeindegliedern. Also nicht die Tatsache, dass Kritik ausgesprochen wird, ist ein Zeichen für ein fehlerfreundliches Klima, sondern dass Kritik ausgesprochen werden *kann*. Dass Kritik in einem Geist der Liebe geschieht. Dass es geschehen kann, ohne dass Menschen verletzt werden. Und dass es geschehen kann, ohne dass sich Menschen über andere erheben. Ich zucke oft etwas zusammen. Es gibt so viele Menschen, die scheinbar freundlich bemerken: »Ich sage nur offen meine Kritik!«, und dann muss man

Nicht die Tatsache, dass Kritik ausgesprochen wird, ist ein Zeichen für ein fehlerfreundliches Klima, sondern dass Kritik ausgesprochen werden kann.

wirklich in Deckung gehen. Über Fehler kann man nur in einem fehlerfreundlichen Klima ehrlich und förderlich reden!

Ich erlebe das ansatzweise in unserer Gemeinde. Im *GoSpecial*-Team haben wir eine relativ hohe Kultur des liebevoll-kritischen Umgangs miteinander entwickelt. Diese ist auch nötig, weil wir nach jedem *GoSpecial* mit Hilfe eines Fragebogens bewusst nach den Eindrücken, Erfahrungen, Anregungen oder auch Ärgernissen der Besucher fragen. Wenn man dann nach einem Gottesdienst manchmal 50, manchmal 100, manchmal 250 Rückmeldungen bekommt, können Sie sich vorstellen, dass darin bisweilen ein geballtes Maß an Kritik enthalten ist. Und wenn man dann noch ehrlich vorhat, an diesen Gottesdiensten etwas zu verbessern, muss man unterscheiden zwischen der Kritik, die man an sich heranlässt, und jener, die einfach schon aus statistischen Gründen erfolgen muss, wenn so viele Leute sich zur gleichen Sache äußern; sie werden schließlich nie einen Gottesdienst feiern können, der allen rundum gefällt.

Wie unterscheidet man zwischen pauschalen Verurteilungen und wirklich hilfreichen Anregungen, die jemanden weiterbringen können? Antwort: Man befragt die anderen Leute vom Team: »War das wirklich so? Wie soll ich darauf reagieren? Erlebt ihr mich auch so? Betrifft dieser Punkt nur meine Person oder ist es das Element unseres Gottesdienstes, das wir in Frage stellen sollten?« Und wenn sich an einem Gottesdienst oder am Verhalten einzelner Mitarbeiter auch nur irgendetwas zum Positiven hin ändern soll, dann muss hier offen geredet werden.

Ich erlebe diese Sitzungen manchmal mit einer Mischung aus Staunen und Ehrfurcht. Was man sich dort sagen kann und was man sich dort anhören muss, würde manche sensible Seele unter anderen Umständen in eine

Depression treiben. Warum ist diese Ehrlichkeit in einem solchen Kreis trotzdem möglich?

1. Weil wir von Anfang an vereinbart haben, dass wir an dieser Stelle ganz offen sein wollen.
2. Weil wir diese Kritik aussprechen wollen in einem Geist der Freundlichkeit und Ehrlichkeit.
3. Weil jeder von uns dem Gelingen der Sache Jesu eine höhere Priorität einräumt als der Pflege des eigenen Egos.

Nicht, dass uns das perfekt gelingt (manchmal geht es auch ganz schön heiß her), aber ich mache immer wieder die Erfahrung, dass das Team reicher aus diesen Gesprächen kommt, als es hineingegangen ist. Und ich wünschte mir, dass dies ein integraler Bestandteil unserer Gemeindekultur würde.

Was ist das Geheimnis einer Kritik, die wirklich heilsam ist? Vier kurze Hinweise dazu:

▷ Kritik ist dann heilsam, wenn sie in Liebe geäußert wird. Ich weiß, im *GoSpecial*-Team sind Leute, die mich lieben. Und weil ich das weiß, kann ich mir ihre Kritik anhören. Sie wollen mich damit nicht verurteilen oder schlecht machen, sondern mir helfen, besser und gesünder zu werden.

▷ Kritik ist dann heilsam, wenn sie versucht, den anderen zu verstehen und ihm konkrete Hilfen anbietet, ohne zu fordern, dass diese Hilfen angenommen werden. Auch meine Vorschläge können falsch sein. Ich biete Anregungen an, maße mir aber nicht an, den einzig wahren Weg zu kennen.

▷ Kritik ist dann heilsam, wenn man die gleiche Grundlage teilt. Kritik redet prinzipiell dann aneinander vorbei, wenn zwei Leute etwas völlig Unterschiedliches wollen. Darum ist es so wichtig zu wissen: Hier kochen die Leute nicht ihr persönliches Süppchen, sondern es geht beiden Gesprächspartnern um die gleiche Sache, um die Sache Jesu – und es besteht auch einigermaßen Einigkeit darüber, worin diese »Sache Jesu« besteht.

▶ Kritik ist dann heilsam, wenn neben negativer vor allem viel, viel positive Kritik geäußert wird. Die Faustregel sollte heißen: mindestens 4-mal so viel positive wie negative Kritik. In der amerikanischen *Willow Creek*-Gemeinde beträgt dieses Verhältnis sogar 9:1. Von Menschen, die mir sagen, was ich gut mache, lasse ich mir auch sagen, was nicht so gut läuft.

3. In einer fehlerfreundlichen Gemeinde liebt man sich brutto, nicht netto

Der russische Schriftsteller Fjodor Dostojewski hat einmal an seine Frau geschrieben: »Du aber liebe mich, auch wenn ich schmutzig bin; denn wenn ich weiß gewaschen wäre, dann liebten mich ja alle.« Wir haben an anderer Stelle schon gehört, dass Jesus diese Aufforderung ganz ähnlich vorbringt, wenn er zwischen Freundes- und Feindesliebe unterscheidet. In einer christlichen Gemeinde wird es immer auch Spannungen geben, weil dort etwas passiert, das es nirgends sonst in der Gesellschaft gibt: Menschen teilen ihr Leben nicht aus Sympathie, sondern weil sie an den gleichen Gott glauben. Jede andere Gruppe findet sich auf Grund gemeinsamer Interessen, äußerlicher Verbundenheit oder charakterlicher Ähnlichkeiten zusammen; in der christlichen Gemeinde sitzt der reiche Akademiker neben dem Sozialhilfeempfänger, die konservative Witwe neben dem Hippie und der radebrechende Ausländer neben dem dörflichen Urgestein. So sollte es jedenfalls sein, wenn wir Jesu Vorstellungen von Gemeinschaft ernst nähmen. Dass das nur selten passiert, ist schlimm genug. Um so wichtiger ist es, dass wir wenigstens lernen, den anderen über alle Sympathiegrenzen hinweg zu lieben. Sie sollen nicht all seine Verhaltensweisen akzeptieren, ihn aber trotzdem aus ganzem Herzen lieben. Denn dann werden Sie wissen, wie Sie mit ihm umgehen können.

> *Wichtiger ist es, dass wir wenigstens lernen, den anderen über alle Sympathiegrenzen hinweg zu lieben.*

Das wäre die Herausforderung an die christliche Gemeinde: *dass man sich brutto liebt, mitsamt den negativen Seiten und Schatten und Abgründen, die zur Persönlichkeit eines jeden Menschen nun einmal dazugehören.* Ich wünsche mir, dass wir eine Gemeinde werden, in der noch mehr als je zuvor ein Klima der gegenseitigen Akzeptanz und der bedingungslosen Liebe und Vergebungsbereitschaft herrscht.

4. In einer fehlerfreundlichen Gemeinde ist niemand »heiliger« als die anderen

Und wenn es einer ist, dann wird er sich in dieser Gemeinde nicht wohl fühlen und sie bald verlassen.

Hochmut, Intoleranz, Lieblosigkeit, Überheblichkeit oder Standesdünkel sind in einer Gemeinde völlig fehl am Platz. Trotzdem finden wir gerade in christlichen Kreisen ein erschreckendes Aufblühen all dieser Eigenschaften. »Dort hat einer einen Fehler gemacht, also ist er schlechter als ich.« Kürzlich erzählte mir jemand, wie schrecklich es war, als sich vor zehn Jahren sein Bruder umbrachte. Der Vater wäre fast daran zerbrochen; er gibt sich noch heute die Schuld am Tod seines Kindes. Gerade in dieser Phase aber, in der diese verzweifelten Leute völlig am Boden waren und Hilfe gebraucht hätten, wurden sie plötzlich von der ganzen Gemeinde geschnitten. Man konnte in den Augen der Bekannten den Vorwurf nur allzu deutlich lesen; schlimmer aber war noch die allgemeine Verdammung: »So etwas gibt es in einer anständigen Familie nicht! So etwas gehört sich nicht.« Irgendwann konnte die Familie die anklagenden Blicke, die Feindlichkeit und die hinter dem Rücken ausgesprochenen Vorwürfe nicht mehr ertragen. Sie traten aus der Gemeinde und aus der Kirche aus – und wenn man heute den verzweifelten Vater auf Glauben und Gott anspricht, dann muss man aufpassen, dass man nicht aus dem Haus gejagt wird. Ob dieser Vater möglicherweise mitverantwortlich für den Selbstmord seines Sohnes war, ist völlig irrelevant. Es war niemand da, der ihm geholfen hätte, weil sich alle als etwas Besseres fühlten. Bitte machen Sie sich klar: Ganz gleich, was ein Mensch getan hat, ihn zu verachten und allein zu lassen, ist allemal die größere Sünde.

> *Ganz gleich, was ein Mensch getan hat, ihn zu verachten und allein zu lassen, ist allemal die größere Sünde.*

5. In einer fehlerfreundlichen Gemeinde herrscht viel Mut zum Risiko

Ich habe vor einiger Zeit von einer Frankfurter Gemeinde erfahren, die Fehler prämiert. Ich habe diese amüsante Anekdote in einem Buch gelesen und dann bei dem Autor und in Folge wiederum bei dessen Quelle recherchiert. Und dann habe ich die Gemeinde angerufen, sie nach diesem Preis befragt und gebeten, mir ausführlich zu beschreiben, was es damit auf sich hat. Dieser Preis heißt nicht »Die goldene Banane«, wie ich es in dem Buch gelesen hatte, sondern viel frommer »Der Davidspreis«. Das hat mich in besonderer Weise berührt. Denn es geht gar nicht darum, dass Versagen ausgezeichnet würde, sondern darum, dass Menschen gewagt haben, eine interessante, scheinbar unüberwindliche Aufgabe anzugehen. In dieser Gemeinde wird einfach gesagt: *Viel wichtiger als die tollen Ergebnisse ist für uns, dass die Leute etwas riskieren.* So hat beispielsweise jemand den Preis für eine mit großem Aufwand gestartete Drogenarbeit bekommen, die kläglich gescheitert ist. Aber dieser Mensch hat wenigstens versucht, für die Drogenabhängigen in Frankfurt etwas zu tun! Er ist gescheitert, aber ist dieses Scheitern nicht viel preis- und auszeichnungswürdiger als das Verhalten all jener Menschen, die oft nur deswegen keine Fehler machen, weil sie überhaupt nichts tun beziehungsweise immer auf der sicheren Seite bleiben?

Ich wünschte mir wirklich, dass wir als Gemeinde mehr riskierten! Wenn ich weiß, dass ich in meiner Gemeinde einen großen Rückhalt habe, weil dort alle wissen, dass sie Fehler machen, dann habe ich ein gutes Fundament, um Dinge zu wagen. Wären all die großen Gestalten der Bibel und der Kirchengeschichte auf der sicheren Seite geblieben, gäbe es kein Christentum: Von Abraham über Mose, David, Paulus, Petrus, Martin Luther und wie sie alle heißen begegnen wir in unserer kirchlichen Vergangenheit Personen, die etwas riskiert haben, obwohl sie eigentlich nicht sehr überzeugt von sich waren. Das sollte uns Mut machen. Dabei sollte uns

125

eines klar sein: Wer anpackt, macht sich auch mal die Hände schmutzig. Gott sind dreckige Finger, die an seinem Reich mitarbeiten, allemal lieber als saubere Hände, die nichts vorzuweisen haben.

Es wäre schön, wenn wir mit unseren Fehlern gelassen und freundlich umgehen könnten. Wie viel mehr würden wir für Christus in dieser Welt ausrichten, wenn wir wüssten, dass unsere Fehler nicht nur bei Gott, sondern auch bei unseren Mitchristen auf Barmherzigkeit treffen! Jesus braucht keine perfekten Menschen, sondern Menschen, die verfügbar sind. Die ihre Schwächen und Abgründe nehmen und Jesus hinhalten und sagen: »Herr, du weißt, dass ich dich liebe.« Das sind tönerne Füße, zweifellos. Aber Jesus hat seine Gemeinde nie auf etwas anderes gebaut, weder hier noch anderswo, weder heute noch damals.

Kapitel 7

Gott ist grenzenlos

In diesem Kapitel lesen Sie, warum Grenzen letztlich auch etwas mit unserer Beziehung zu Gott zu tun haben, warum wir allzu oft darum ringen, unsere Freiheit zu retten und uns damit nur noch fester anketten, und warum wir letztlich auch Gott ganz gern in seine Schranken weisen möchten. Wenn Paulus sagt: »Alles ist mir erlaubt, aber das darf nicht dazu führen, daß ich meine Freiheit an irgend etwas verliere«, dann weist er nicht nur auf dieses Dilemma hin, er zeigt auch einen Ausweg.

Es gibt die schöne Anekdote von einem Mann, der zu seinem Rabbiner sagt: »Zeige mir, wo Gott ist!« Und der Rabbi antwortet sanft: »Zeige mir erst einmal, wo er nicht ist!«

Die Bibel kennt viele Attribute für Gott: ewig, allmächtig, allgegenwärtig, zeitlos oder unendlich. Und all diese Begriffe könnte man in einem Satz zusammenfassen: »Gott ist grenzenlos.« Für ihn existieren keine Einschränkungen und Hürden. Er lässt sich weder einengen noch durch irgendetwas gefangen nehmen. Er ist frei in der ganzen Bedeutung dieses Wortes. Er ist so groß, so unfassbar, dass unser menschlicher Verstand nicht ausreicht, um ihn zu begreifen.

Genau das, der Unterschied zwischen dem Grenzenlosen und dem Begrenzten, unterscheidet uns von Gott: Menschsein ist das Begrenzte, das Fehlerhafte, Gott ist das Unbegrenzte. Weil wir die Begrenzten sind, fällt es uns so schwer, mit Gott klarzukommen. Vielleicht kann man dieses Verhältnis einmal in einem Vergleich deutlich machen. Sie kennen doch sicher die gemeine Waldzecke. Für dieses Tier gibt es nur zwei Sinnesreize, das heißt, ihre Sinnesorgane reagieren eigentlich nur auf zwei Impulse: Wärme und Buttersäure. Die kleine Zecke hockt gelangweilt auf ihrem Ast – wenn es sein muss, viele Jahre lang –, bis sie eines von beiden, Wärme oder Buttersäure, entdeckt. Dann lässt sie sich fallen. Ihre Welt besteht aus diesen beiden Wahrnehmungen; alles andere ist ihr gleich. Wenn Sie sich mit einer Zecke über Sokrates unterhalten wollten, scheiterte das nicht nur an der Sprache, sondern auch daran, dass das kleine Lebewesen biologisch nur einen ganz winzigen Wahrnehmungshorizont hat. Der Horizont eines Menschen ist dagegen sicher als gigantisch zu bezeichnen. Und trotzdem gilt: Gott ist grenzenlos. So wie die Zecke ihre Grenzen hat, an denen ihre Erkenntnisfähigkeit ans Ende kommt, haben wir unsere Grenzen, die wir von uns aus nicht überschreiten können.

Und plötzlich sind wir im Zentrum christlicher Theologie. Es geht darin nämlich um die Überwindung von Grenzen. Die Menschwerdung Gottes, sein Auf-die-Welt-Kommen im Menschen Jesus Christus ist nichts anderes als seine Selbstbegrenzung; der Grenzenlose setzt sich selbst Grenzen – aus Liebe. Zwischen der göttlichen und der menschlichen Lebensform war ein solcher Unterschied, dass eine Annäherung schier unmöglich war. Wenn es stimmt, dass Gott der Grenzenlose ist, dann brauchen wir uns nicht zu wundern, dass wir ihn mit unserem begrenzten Verstand nicht erfassen können. Wie soll ein begrenzter Mensch einen unbegrenzten Gott verstehen?

> *Die Menschwerdung Gottes ist nichts anderes als seine Selbstbegrenzung, der Grenzenlose setzt sich selbst Grenzen – aus Liebe.*

Es werden immer wieder Fragen an uns nagen, die wir trotz allen Glaubens nicht wirklich verstehen werden: Warum gibt es so viel Leid? Warum handelt Gott so und nicht anders? Manches ist und bleibt für uns nicht erkennbar. Nichts anderes sagt ja die Bibel, wenn sie deutlich macht: Der Mensch kann von sich aus die existenzielle Trennung zu Gott nicht aufheben, deshalb musste Gott selbst die Distanz überbrücken. Wenn es überhaupt zu einer Kommunikation zwischen zwei so unterschiedlichen Wesen kommen kann, dann nur, wenn die grenzenlosere sich auf das Niveau der begrenzteren Lebensform begibt. Und genau das machte Gott, als er Mensch wurde. Er lebte wie wir, um uns ganz nah zu sein. Die Bibel beschreibt diesen Schritt Gottes so: »Er entäußerte sich all seiner Gewalt.«

In unserem Umgang mit den Grenzen anderer wird insofern auch etwas von unserem Verhältnis zu Gott deutlich, da wir ja so gerne die anderen von ihren Grenzen befreien würden. Es steckt eine tiefe Sehnsucht in uns, anderen beim Überwinden ihrer Grenzen zu helfen. Und genauso geht es Gott. *Er, der Grenzenlose, hat die Sehnsucht, die Grenzen der Menschen, etwa den Tod, zu sprengen.* Was steckt dahinter und wie können wir von dem Verhältnis Gottes zu den Menschen etwas für unser eigenes Leben lernen?

1. Menschen wollen Grenzen

Es ist eine gern verdrängte, aber unübersehbare Tatsache: Die meisten Menschen sind für Grenzen sehr dankbar, denn völlige Freiheit wäre für uns ein Alptraum. Und das sage ich nicht nur leicht dahin, ich bitte Sie, sich einmal ganz ernsthaft ein grenzenloses Dasein auszumalen.

- ▶ Ewig leben: wie langweilig!
- ▶ Alles wissen: wie uninteressant!
- ▶ Alles dürfen: wie reizlos!
- ▶ Alles können: wie wenig Herausforderung!
- ▶ Alles mögen: wie eintönig!
- ▶ Alles haben: wie armselig!
- ▶ Alle lieben: wie unpersönlich!
- ▶ Alles akzeptieren: wie trostlos!

Menschsein braucht Grenzen, und in fast allen Kulturen gilt es als höchste Tugend, sich selbst Grenzen setzen zu können. Während die verzweifelten Propheten eines merkwürdigen Modernismus ängstlich nach Grenzenlosigkeit rufen, haben die großen Denker der Weltgeschichte immer auf die Gabe der Selbstbegrenzung hingewiesen, weil sie unter dem Strich wirklich frei macht. Wer seine Grenzen beherrscht, der ist frei. Und wenn man genau hinschaut, dann entdeckt man auch, dass die meisten Menschen zwar viel von Freiheit reden, aber dabei sehr konservativ denken und sich möglichst schnell einen begrenzten Raum schaffen wollen, in dem sie sich sicher fühlen. Wir sind »Begrenzungsmeister« in jeder Beziehung. Wir wollen unseren überschaubaren Lebensbezirk, dessen Spielregeln wir beherrschen. Und immer dann, wenn wir unbekanntes Terrain betreten, werden wir unsicher und ängstlich. Das verraten nicht nur die zahllosen Sprichwörter, die sich über die Unflexibilität lustig machen: »Was der Bauer nicht kennt, das frisst er nicht!« oder: »Zu Hause schläft man am besten!«

Sich selbst mit Grenzen zu umgeben ist nicht immer lebensfördernd, aber dennoch ein Zeichen von Klugheit. Die zahlreichen Gefahren, die im Alltag auf uns lauern, können wir ja nur bewältigen, wenn wir uns selbst Grenzen setzen oder setzen lassen. Eine rote Ampel an einer Schnellstraße kann ich natürlich als unnütze Begrenzung erfahren, aber wenn ich die LKW vorbeirauschen sehe, bin ich vielleicht doch ganz froh, dass ich rechtzeitig gestoppt habe. Kant hat aus diesem Grund die Geschichte vom Sündenfall neu interpretiert. Er behauptet, der Sündenfall sei der erste Schritt der Menschen zur Aufklärung gewesen. Es ging bei dem verbotenen Apfelbaum ja darum, dass der dreiste Obstpflücker nach dem Genießen des Apfels in der Lage sein würde, Gut und Böse zu erkennen. Und jemand, der weiß, was gut und böse ist, der wird ja dadurch nicht etwa mächtig, nein, er erlebt etwas ganz anderes: Er sieht sich der Notwendigkeit ausgesetzt, Grenzen zu setzen. Im Paradies galt: Alles ist grenzenlos. Übrigens heißt das weder gut noch schlecht. Es gab einfach keine Grenzen. Und der Mensch hat sich von Anfang an danach gesehnt, Grenzen zu haben. Ein Leben ohne Gut und Böse ist nämlich unendlich öde. Sagt Kant. Und ich finde, er hat Recht. Natürlich wissen wir aber auch alle, dass diese Sehnsucht nach äußerer Begrenzung zu völliger Lebensuntauglichkeit und Entmündigung führen kann. Es ist nämlich unendlich bequem und viel einfacher, wenn uns jemand sagt, was wir tun sollen, als wenn wir bei jedem Handgriff neu entscheiden müssten, woran wir uns orientieren. Wie totalitäre Systeme dies missbraucht haben, wissen wir ja. Darum schweben wir zwischen unserer natürlichen Sehnsucht nach Grenzen und der Gefahr, uns selbst die Luft abzuschnüren. Die Bibel aber behauptet:

2. Gott will die Grenzen der Menschen aufheben

Es passiert etwas Verrücktes: Gott sagt: »Ich will euch zurück in diesen paradiesischen, grenzenlosen Urzustand bringen. Ihr sollt euch wieder grenzenlos fühlen. Nur mit einem Unterschied: Da ihr jetzt wisst, was es heißt, mit Grenzen zu leben, könnt ihr frei entscheiden, ob ihr diesen Zustand der Freiheit haben wollt oder nicht.«

»Nun«, werden Sie jetzt vielleicht sagen, »das mit der roten Ampel ist ja ganz nett, aber letztlich bin ich doch ein freier Mensch. Mich schränken keine gesellschaftlichen Konventionen ein!« Und genau das ist ein Missverständnis. Jesus betont sehr deutlich: »Wenn ihr an meinem Wort bleibt, dann seid ihr wirklich meine Jünger. Ihr werdet die Wahrheit erkennen, und die Wahrheit wird euch frei machen.« Daraufhin fragen seine Zuhörer: »Sind wir denn nicht frei?« – »Nein«, sagt Jesus, »denn wer eine Sünde tut, der ist der Sünde

Knecht.« Sündig wird aber jeder, der Grenzen hat, jeder, der Fehler macht, also alle Menschen. Wir alle begehen Fehler – und das ist an sich natürlich und akzeptabel. Sündig wird also jeder, der Entscheidungen fällt, weil jede Entscheidung gut oder schlecht sein und anderen schaden kann. Solange wir uns selbst von dem wertenden Betrachten der Welt, von

> *Jeder, der versucht, in einer begrenzten Welt grenzenlos zu leben, entdeckt früher oder später, dass das niemals funktioniert.*

Gut und Böse abhängig machen, sind wir nicht frei; solange wir mit unseren Fehlern ringen müssen, blockieren sie uns.

Warum ist es dann aber erstrebenswert, bei Gott grenzenlos frei zu sein? Ganz einfach: weil wir immer da, wo wir an unsere Grenzen stoßen, unglücklich sind. Es ist ein Paradox: Wir sehnen uns nach Grenzen, weil sie uns in einer begrenzten Welt das Dasein erleichtern, und spüren zugleich, dass wir mit ihnen nicht glücklich werden. Und jeder, der versucht, in einer begrenzten Welt grenzenlos zu leben, entdeckt früher oder später, dass das niemals funktioniert. Der Aussteiger in den kanadischen Wäldern, der mit seinen Biberfellen behängt eins mit der Natur wird, genauso wenig wie der alle Ethik oder Moral über den Haufen werfende Lebemann. Jemand, der frisch verliebt ist, kennt möglicherweise dieses Gefühl, dass auf einmal alle Grenzen überwindbar scheinen. Da, wo wir ein echtes Lebenszentrum haben, ahnen wir etwas von Grenzenlosigkeit. Und darum scheitern auch viele Beziehungen dann, wenn diese Grenzen sich unbarmherzig zurückmelden. Wir wünschen uns Freiheit und schaffen es doch nicht alleine, sie zu erlangen.

3. Menschen wollen Gott begrenzen

Warum fällt es uns so schwer, diesem Gott zu vertrauen? Weil wir alles verstehen, begreifen, analysieren und in klare Definitionen packen wollen, um damit nach menschlicher Logik einfacher umgehen zu können. Aber es funktioniert eben nicht, dass wir mit unseren Begrenzungen einen grenzenlosen Gott in ein Schema pressen. Wir wollen Gott begreifen, aber einen Grenzenlosen kann man nicht fassen.

Um es auf den Punkt zu bringen: Ich halte Christsein für das schwierigste Unternehmen, das es gibt. Weil es uns herausfordert, dieses eine fast unerträgliche Mysterium auszuhalten: dass Gott grenzenlos ist. Es zeigt sich leider, dass viele Christen genau an dieser Herausforderung scheitern, und was dann passiert, hat die Kirchengeschichte auf abschreckendste Art und Weise bewiesen. Wir sperren Gott in unsere Begrenzungen ein, geben ihm einige für uns fassbare Attribute und lassen ihn dann als vermenschlichten Bonsai-Gott auf die Welt los. Wir machen ihn zum Kreuzritter, zum Dämonenkämpfer, zum Armenpfleger oder zum Beichtvater und wundern uns, dass wir ihn in seiner Freiheit nicht erleben. Der Dichter Rainer Maria Rilke schrieb einmal: »Wir bauen Bilder vor dir auf wie Wände, so dass schon tausend Mauern um dich stehen, denn dich verhüllen unsre frommen Hände, so oft dich unsere Herzen offen sehen.« Glauben heißt, von Gott jeden Tag grenzenlos Neues zu erwarten, für jede Offenbarung auch wirklich offen zu sein, alles für möglich zu halten und sich nicht an Definitionen und Begriffen festzuklammern. Und das ist für einen begrenzten Menschen fast unmöglich. Aber Gott lässt sich nicht einsperren, darum entwischt er uns so oft. Er lässt sich nur einladen – als freier Gast, der kommen kann, wann und wie er möchte.

4. »Alles ist mir erlaubt,
   aber es soll mich nichts gefangennehmen«

Wie kann das also auf Erden funktionieren, dass wir
Menschen mit Begrenzungen leben und gleichzeitig etwas von Gottes grenzenloser Freiheit sichtbar wird? Das
ist die entscheidende Frage, die Luther dazu bringt, seine so genannte »Zwei-Reiche-Lehre« zu formulieren.
Der Reformator meint damit Folgendes: Ich bin quasi
ein Mensch mit einer doppelten Staatsbürgerschaft. Einerseits bin ich Bürger dieser Welt mit all ihren Begrenzungen, andererseits bin ich bereits Bürger des Reiches
Gottes und damit befreit. »Ich bin *in* der Welt, aber nicht
von der Welt.« Bei Paulus gibt es viele unterschiedliche
Versuche, dieses Dilemma zu beschreiben; und eigentlich gelingt es nicht so richtig. Wieder scheitern die
Worte am Unbeschreiblichen. Luther versucht es an anderer Stelle so: »Ich bin ein Christ, ein freier Herr in
allen Dingen und keinem Menschen untertan. Ich bin
ein Christ, freiwillig Knecht in allen Dingen und jedem
Menschen untertan.«

Man kann dieses Freisein in der Gefangenschaft nur
bildhaft ausdrücken. In meine Begrenztheit bricht die
Grenzenlosigkeit Gottes ein. All meine Werte werden
auf den Kopf gestellt, weil die alten Abhängigkeiten für
mich nicht mehr gelten. Wo kann ich das erfahren? Nur
einige kurze Beispiele:

▷ da, wo ich meinen Wert nicht mehr von den begrenzten Maßstäben der Menschen abhängig mache;
▷ da, wo ich weiß, dass ich mich vor nichts mehr
   fürchten muss, weil ich nicht tiefer fallen kann als in
   Gottes Hand;
▷ da, wo ich Mut bekomme, gegen alle Logik meine
   Träume zu leben;

- da, wo ich weiß, dass mein Körper sehr wohl Grenzen hat, meine Gedanken aber frei sind;
- da, wo nicht ich im Mittelpunkt stehe, sondern die Liebe Gottes, die den Menschen zu einem erfüllten Leben führen will;
- da, wo ich es wage, in den Dimensionen Gottes zu denken;
- da, wo ich meine Fehler und Grenzen tatsächlich annehme und als positive Herausforderungen betrachte;
- da, wo ich nicht mehr von meinen Erfolgen und Niederlagen abhängig bin, sondern aus der Liebe Gottes lebe;
- da, wo ich den anderen mit all seinen Schwächen akzeptieren und annehmen kann;
- da, wo ich an Gottes Hand meine Grenzen überwinde.

Das ist das eigentliche Wagnis, um das es geht: nicht unsere Grenzen als Maßstab zu nehmen, sondern Gott alles zuzutrauen. »Bei den Menschen ist's unmöglich, aber bei Gott sind alle Dinge möglich.« Und in diesem Glauben kann Paulus auch sagen: »Alles ist mir erlaubt.« Ich bin frei. »Aber es darf mich nichts gefangennehmen« (Luther). Ich darf alles tun. In diesen Worten wird Gottes Grenzenlosigkeit spürbar, aber wenn sich mein Handeln selbst zu einer Lebensbegrenzung entwickelt, dann wird es zur Farce. Sich selber einzusperren ist das einzige und zugleich ein schier kaum zu bewältigendes Risiko, mit dem wir leben müssen. Denn wir alle wissen, wie schnell es passiert, dass unser Verhalten uns und anderen schadet. Darum haben wir eine unglaubliche Verantwortung. Wir müssen darauf achten, dass unser Handeln uns nicht unfrei macht. Gott setzt uns frei und traut uns zu, dass wir mit dieser Freiheit mündig umgehen. Der große Kirchenlehrer Augustinus hat diesen Zusammenhang in einen wunderschönen Satz gepackt: »Liebe, und tu, was du willst!« Wenn das eigene Handeln von der Liebe bestimmt ist, dann gibt es für uns tatsächlich keine Grenzen mehr, weil man selbstverständlich so handeln wird, dass man sich und anderen keinen Schaden zufügt. So zu leben, ist viel schwieriger, als sich einfach von Geboten den Weg zeigen zu lassen. Aber Gebote sind eben auch Begrenzungen, die ein von der Liebe motivierter Mensch nicht mehr braucht. Ein weiser Mensch hat einmal gesagt: »Gebote sind wie Krücken. Dem Kranken helfen sie, den Gesunden behindern sie.« Wer wirklich frei ist, auch frei von Hochmut, Selbstüberschätzung, Neid, Eifersucht oder Missgunst – was es alles in der Liebe gar nicht geben kann –, der entdeckt, was Freiheit wirklich heißt. Der lebt in einer anderen, schöneren Welt.

Wie eng Gottes Grenzenlosigkeit und unsere Begrenztheit beieinander liegen, zeigt eine eindrucksvolle Erfahrung, die der Jünger Petrus macht. Jesus sagt mitten in einem angsteinflößenden Sturm zu dem ängstlichen Mann: »Du kannst auf dem Wasser gehen!« Warum fürchtest du dich so? *Wenn du in Gottes Dimensionen denkst, dann kann dir der wüsteste Sturm nichts anhaben.* Der ehrgeizige Jünger nimmt seinen Rabbi beim Wort und steigt über das Geländer. Und tatsächlich: Er kann auf der Wasseroberfläche stehen. Zum ersten Mal überschreitet dieser Mann alle seine Grenzen – und merkt, dass es funktioniert. Er läuft über das Wasser. Bis sich sein Verstand wieder meldet und versucht, ihm seine Begrenzungen deutlich zu machen: »Hey, Menschen können nicht auf dem Wasser gehen.« Petrus selbst redet sich seine Begrenztheit ein, so, wie wir das alle machen. Wir sagen uns ja andauernd, wie schlecht es uns geht, wie schwach wir sind und wie schwer wir es haben. Das Problem ist: Das, was wir uns selbst einreden, geschieht in den meisten Fällen auch. Oder glauben Sie ernsthaft, dass jemand Erfolg haben kann, der sich immer einredet, wie unbegabt er ist? Wer sich andauernd seine Grenzen vor Augen hält, der wird sie auch nie verlassen, wer aber weiß, dass er von Gott begabt wurde, auch Grenzen zu sprengen, hat große Chancen, es zu schaffen. Jesus fasst dieses Phänomen folgendermaßen zusammen: »Was ihr in eurem Vertrauen von mir erwartet, soll geschehen.« Und Petrus macht genau diese Erfahrung: Als er seine eigenen Ängste und Zweifel, also seine Grenzen, wieder zu Wort kommen lässt, beginnt er zu versinken. Bis ein erneutes Vertrauen ihm doch noch einen festen Stand gibt. Da, wo ein Mensch Gottes Grenzenlosigkeit lebt, wird Unmögliches möglich. Wir werden immer wieder Phasen haben, in denen wir auf dem Wasser gehen können, und Phasen, in denen wir zu versinken drohen. Das Schöne ist, dass Jesus in dieser Geschichte und auch in unserem Leben vorneweg geht und sagt: »Komm her zu mir, hab keine Angst!«

Kapitel 8

Die ersten zehn Schritte

*I*n diesem Kapitel lesen Sie abschließend, wie man ganz konkret lernen kann, seine Träume trotz widriger Umstände festzuhalten und einen ganz neuen Umgang mit Fehlern und Grenzen zu entwickeln. Wir stellen zehn kurze Schritte vor, mit deren Hilfe aus Ängsten Hoffnungen, aus Versagen Chancen und aus Schwächen Stärken werden können.

Es ist bisweilen leicht, über die großen Weltzusammen-
hänge zu sinnieren und sich schlaue Gedanken zu machen. Wirklich interessant wird die Auseinandersetzung
mit Idealen, wenn man sich konkrete Schritte überlegt,
wie man das Gedachte auch umsetzen kann. Gerade,
wenn es um Glauben geht, wird unendlich viel geredet
und wenig getan. Viele Men-
schen verwechseln das Nachdenken über den Glauben sogar mit Glauben selbst. Man
unterhält sich gern über Jesus,
über die Kirche und das allzu
menschliche Bodenpersonal Gottes, aber die Frage, was seine
Existenz mit dem eigenen Leben zu tun hat, wird selten
konkretisiert. Jemand hat ein-
mal gesagt: »Der längste Weg auf Erden ist 30 Zen-
timeter lang – die Strecke zwischen Verstand und Herz.«
Aus Denken Handeln, Fühlen, Vollziehen und Verändern werden zu lassen, der eigentliche Erfahrungspro-
zess also, bleibt meist auf der Strecke. Warum? Ganz
einfach: Wir begreifen vieles, aber dass dieses intellek-
tuell Begriffene uns wirklich ergreift und Teil unseres
Lebens wird, dass es Auswirkungen auf unseren Alltag
hat, ist viel komplizierter; denn es fordert uns ja auf, uns
selbst in Frage zu stellen, uns möglicherweise zu korrigieren und Fehler einzugestehen. Das macht – zugege-
benermaßen – keiner gern, doch wer es nicht tut, der
braucht sich auch nicht zu wundern, dass er sich nicht
entwickelt und vorankommt.

Wir würden uns freuen, wenn Sie dieses Buch nach
dem Lesen nicht einfach als interessante Lektüre wieder
ins Regal stellen, sondern Lust bekommen, in Zukunft
mit Ihren Fehlern und Grenzen anders umzugehen. Wir

> »Der längste
> Weg auf Erden
> ist 30 Zentimeter
> lang – die
> Strecke zwischen
> Verstand
> und Herz.«

wünschen uns, dass Sie die Kraft finden, die Schwächen der anderen in einem neuen Licht zu sehen und liebevoll darauf zu reagieren und dass Sie etwas von der Grenzenlosigkeit Gottes in Ihrem Leben erfahren. Zu diesem Zweck haben wir einige der genannten Punkte noch einmal systematisch zusammengestellt und hoffen, dass Sie mit deren Hilfe eine neue Sicht für die menschlichen Ecken und Kanten bekommen. Allerdings: Die vorgeschlagenen Ideen können nur Wegmarken sein, gehen müssen Sie den Weg selbst. Es wäre schön, wenn der eine oder andere Vorschlag Ihnen den Aufbruch erleichtert.

Vorher aber müssen wir uns noch einmal vergegenwärtigen, wie Niederlagen unser Dasein beeinflussen. Was bleibt, wenn ein Traum zerplatzt? Erst einmal fällt man in ein tiefes Loch. Hoffnungen werden zunichte gemacht, Lebenskonzepte geraten aus der Spur, Selbstwertgefühle werden in Frage gestellt, hoch gehaltene Werte gelten nicht mehr, längst vergessene Ängste kommen wieder hervor. Wie wir am Anfang gezeigt haben, kann aber gerade das eine Chance sein, Fehlentwicklungen zu erkennen, neue Wege zu suchen, seine eigenen Motivationen zu überprüfen und den Traum einer Generalüberholung zu unterziehen.

Wenn wir Ihnen Mut machen, Ihre Träume festzuhalten, dann wissen wir natürlich auch, dass es neben richtigen und gottgegebenen Träumen falsche, zu große und belastende Visionen gibt. (Wie man die einen von den anderen unterscheidet, haben wir ausführlich in unserem Buch »Lebe deinen Traum!« dargelegt, erschienen 1998 im Verlag Projektion J.) Insofern kann das Festhalten an Träumen auch sehr gefährlich werden. Fragen Sie bitte sehr sorgfältig und ernsthaft, was das für ein Traum ist, der da plötzlich durch widrige Umstände in Frage gestellt wird:

Prüfen Sie den Traum selbst

Nehmen Sie sich Zeit, schreiben Sie sorgfältig auf, was
dafür und was dagegen spricht, dass dieser Traum die
große Herausforderung Ihres Lebens ist. Seien Sie einerseits sehr ehrlich mit sich, wenn es darum geht, Ihre
Fähigkeiten, Begabungen, Kräfte und Grenzen zu benennen, verlieren Sie anderseits aber nie aus dem Blick,
dass wir in den meisten Fällen weit unter unseren Möglichkeiten leben und dass Gott aus uns Dinge herausho-
len kann, von denen wir oft nicht einmal zu träumen
wagen. Wer sich auf seinen Traum ganz einlässt, wird
erleben, wie sehr ein klares Ziel sein Handeln beflügelt,
das Leben strukturiert und zum bewussten Handeln motiviert.

Prüfen Sie den Traum mit anderen

Teilen Sie Ihre Träume gerade in Krisenzeiten mit
Freunden, möglicherweise aber auch mit etwas ferner
stehenden Personen oder gar mit Kritikern. Passen Sie
dabei gut auf, dass Sie Menschen finden, die ein Gespür
für Träume haben, damit Sie nicht an jemanden geraten,
der – möglicherweise aus eigenen Enttäuschungen oder
aus Unkenntnis heraus – hochfliegende Pläne pauschal
verurteilt. Auf jeden Fall brauchen Sie ein Gegenüber,
das Ihnen offen sagt, wie Sie nach außen wirken und
wie Ihre Hoffnungen und Wünsche, aber auch Ihre Persönlichkeit und Ihre Grenzen von außen wahrgenommen werden. Wir unterschätzen oft die Kluft zwischen
unserer eigenen Wahrnehmung und der Wahrnehmung
anderer.

Prüfen Sie den Traum mit Gott

Wer intensiv und regelmäßig über sich und seine schein-
baren Grenzen hinausdenkt, wird bald entdecken, dass
ihn nur die Träume auf Dauer tragen, in denen er sich
nicht um sich selbst dreht. Egoistische Träume verlaufen
immer im Sande, weil sie zur Vereinsamung führen.
»Ich möchte reich werden!«, ist kein Traum, sondern ein
Wunsch. Ein Traum ist immer eine Entwicklung, mit
deren Hilfe Sie in Ihrem Leben eine Warum-Frage
beantworten können. Reichtum mag für den einen oder
anderen Traum eine gute Unterstützung bedeuten, alleine aber ist er wertlos. Sie müssen wissen, warum Sie ein
bestimmtes Ziel erreichen wollen, dann finden Sie auch
Ihren Traum. Darum ist es aber auch so wichtig, mit
Gott im Gebet und anhand der Bibel zu prüfen, in welchen Dimensionen sich ein Traum eigentlich abspielt,
ob es sich dabei um eine fixe, größenwahnsinnige Idee
oder um ein Entfalten des in uns angelegten Potenzials
geht. Einen stimmigen Traum, der Sie voranbringt, wird
Gott immer segnen und bestätigen.

Das Problem beim Umgang mit Träumen besteht in
unserer Gesellschaft allerdings nur in einigen Fällen
darin, dass Menschen falschen Träumen nachlaufen.
Viel größer ist die Gefahr, dass richtige Träume beim
ersten Hindernis aufgegeben werden. Darum: Bleiben
Sie bitte dran, und prüfen Sie in aller Ruhe und mit
Freunden und Gott, ob der Weg, der plötzlich versperrt
zu sein scheint, nicht doch der beste für Sie ist.

Wenn Sie diese drei Kontrollstationen durchlaufen
haben und wissen, dass Ihr Traum der richtige ist, dann
sollten Sie sich von keinem Rückschlag aus dem Konzept
bringen lassen. Im Gegenteil! Machen Sie sich bitte eines
immer klar: Weil jeder Traum uns über uns selbst hinaus-
führt, werden wir kein Ziel ohne Widerstände erreichen.

Für die Dinge, die Ihnen einfach zufallen, brauchen Sie keinen Traum, sie kommen von selbst. Zur Definition eines Traumes gehört es, dass Sie gewaltige Hürden übersteigen müssen, um ihn zu verwirklichen. Insofern kann ein Rückschlag gerade eine Bestätigung der Richtigkeit Ihrer Vision sein. Nicht, dass er einen Traum hat, zeichnet einen Träumer aus, sondern, dass er seinen Traum trotz aller Widerstände festhält. Idealisten sind die Menschen, die ein Ideal verfolgen, auch wenn sie davon noch relativ wenig sehen, und die gleichzeitig davon überzeugt sind, dass das Erreichen dieses Ideals ein absolutes Muss ist. Halten Sie Ihre Träume fest.

> *Weil jeder Traum uns über uns selbst hinausführt, werden wir kein Ziel ohne Widerstände erreichen.*

Hier also die zehn Trimm-dich-Stationen für einen gesunden Umgang mit Fehlern und Grenzen:

1. Haben Sie keine Angst vor Fehlern und Grenzen

»Angst ist ein schlechter Ratgeber«, sagt ein Sprichwort, und darin steckt schon das ganze Dilemma vieler Menschen: Solange jemand aus Angst handelt, besteht die Gefahr von Fehlentscheidungen in erhöhtem Maße. Solange sich jemand vor seinen eigenen Fehlern und Grenzen fürchtet, wird er damit auch nicht zurechtkommen, ja, er wird nicht einmal anfangen, sich produktiv mit ihnen auseinander zu setzen, sondern davor weglaufen. Ganz gleich, wie perfekt Sie sein möchten: Es wird wieder passieren, Sie werden wieder Fehler machen und wieder an Ihre Grenzen kommen. Grenzen sind menschlich, und wer das nicht akzeptieren kann, der hat sich selbst noch nicht angenommen. Einen Traum verwirklichen wird aber nur der, der nicht gegen sich selbst, sondern für seine Ideale kämpft und arbeitet. Sagen Sie sich mehrmals täglich: »Es ist normal, dass ich Fehler mache. Ich bin ein Mensch, also habe ich Grenzen.« Wenn Sie diesen Gedanken irgendwann einmal wirklich verinnerlicht haben, werden Sie feststellen, wie groß der Stein war, der Ihnen vom Herzen fällt. Noch einmal: Wer Angst hat, läuft vor etwas weg, wer einen Traum hat, läuft auf etwas zu. Darum werden Sie Ihren Traum dann am leichtesten realisieren können, wenn Sie die Angst vor Ihren Schwächen verlieren.

▷ Fragen Sie sich jeden Morgen, vor welchen Entscheidungen, Begegnungen, Handlungen oder Aufgaben Sie sich an diesem Tag fürchten, und überlegen Sie genau, worin diese Angst besteht.

▷ Fragen Sie sich bitte jeden Abend, ob die Ängste gerechtfertigt waren, ob es nicht gerade die Furcht war, die die Bewältigung der Herausforderungen erschwert hat, und ob die möglicherweise sichtbar gewordenen Unsicherheiten wirklich ein Beinbruch waren.

▷ Machen Sie sich bei allen Herausforderungen klar, dass Sie nicht tiefer fallen können als in Gottes Hand. Ihr Leben hängt selbst bei den wichtigsten Fragen mehr von Gottes Liebe als vom Ausgang irgendwelcher Entscheidungen ab.

2. Trennen Sie Person und Ereignisse

Wer sein Selbstwertgefühl von äußeren Erfolgen abhängig macht, ist ein relativ armer Mensch. Und trotzdem neigen wir alle dazu, den Wert unseres Lebens an den Gewinnen abzulesen. Darum passiert es auch so schnell, dass eine Niederlage nicht nur ein äußeres Missgeschick, sondern eine Infragestellung unserer ganzen Persönlichkeit wird. Wenn Sie mit dieser Haltung zu kämpfen haben, haben Sie wenig Chancen, jemals ein zufriedener Mensch zu werden. Lassen Sie sich bitte auf dieses negative Spiel nicht ein. Natürlich wird es schwerer, eine Arbeitsstelle zu finden, wenn Sie bereits sechsmal aus einem Job geflogen sind. Aber auch dann werden Sie entdecken, dass die Gründe nicht in Ihrem Menschsein, sondern in bestimmten Eigenschaften liegen, über die Sie vielleicht einmal nachdenken sollten. Entscheidend ist etwas ganz anderes: Wenn Sie nicht an sich glauben, dann wird es auch kein anderer tun! Wir aber dürfen an uns glauben, weil Gott an uns glaubt. Wenn Sie sich von einem Misserfolg aus der Bahn werfen lassen, machen Sie damit gleichzeitig deutlich, dass Sie kein Vertrauen mehr in Gottes Liebe haben.

Wenn wir Person und Ereignis nicht trennen, hören wir auch niemals auf, uns mit anderen zu vergleichen. Der Philosoph Sören Kierkegaard sagt: »Der Vergleich ist die Wurzel aller Sünde.« Wer sich mit anderen vergleicht, ob es nun den Beruf, die Gemeinde oder die Familie betrifft, kommt in Teufels Küche. Das Resultat ist in aller Regel verheerend für das spirituelle Wachstum. Denn wenn man schlecht abschneidet, ist das wiederum nicht förderlich für das Selbstwertempfinden. Wenn man bei dem Vergleich besser abschneidet, führt es zu Selbstzufriedenheit, Selbstgerechtigkeit, Hochmut. Beides tut weder uns selbst noch unseren Nächsten oder unserem Lebenstraum gut.

▶ Fragen Sie sich in aller Ruhe, welche Faktoren eigentlich Ihr Selbstwertgefühl bestimmen, von

wessen Meinung Sie sich oftmals abhängig machen
und was passiert, wenn Sie in den Augen eben dieser
Menschen versagen.

▶ Überlegen Sie, welche Niederlagen für Sie
unerträglich sind und warum dies der Fsll ist.
Machen Sie sich mit dem Gedanken vertraut, dass
auch in diesen Bereichen eines Tages Rückschläge zu
erwarten sind.

▶ Lernen Sie, stolz auf sich zu sein – und zwar unabhängig von allen Leistungen. Wer stolz auf seine
Fähigkeiten ist, wird hochmütig, wer stolz auf sein
Menschsein ist, der bekommt ein gesundes Selbstvertrauen.

3. Trennen Sie Träume und Ereignisse

Ein Wanderer, der auf einen über den Weg gestürzten
Baum stößt, überlegt sich, wie er das Hindernis möglichst schnell überwinden kann, um weiterzukommen.
Er käme keinesfalls auf die Idee, dass sein Ziel möglicherweise falsch sein könnte oder er als Person versagt
hätte. Leider reagieren so aber viele Menschen, die ihre
Träume verfolgen und sich plötzlich Widerständen ausgesetzt sehen: Sie kehren um, erklären das Ziel für uner-
reichbar, zweifeln an ihren Fähigkeiten und gehen lieber
den langen Weg zurück, bevor sie sich ernsthaft mit den
Hürden auseinander gesetzt haben. Betrachten Sie den
Weg zu Ihrem Traum als eine Wanderung. Es wird be-
queme und unbequeme Streckenabschnitte geben, gutes
und schlechtes Wetter, größere und kleinere Hindernisse, die sich Ihnen in den Weg stellen. Trotzdem denkt
ein Wanderer immer an sein Ziel: *Da will ich hin!* Und
die einzige wirklich große Gefahr besteht auf einer solchen Tour darin, das Ziel aus dem Auge zu verlieren.

Gerade bei längeren Strecken zählt nicht der Etappensieg, sondern das Ankommen. Darum gehört bei jedem Fehler eine ruhige Auseinandersetzung mit der Situation dazu, in der bewusst geschaut wird, was dieses Ereignis nun für die weitere Streckenplanung bedeutet, ohne dass man deshalb das Ziel aus dem Auge verliert.

▶ Gerade wenn Sie stolpern, sollten Sie sich erneut klarmachen, wo Sie eigentlich hinwollen. Nutzen Sie Niederlagen, um sich neu auf Ihren Traum hin auszurichten und klare Strategien zu entwickeln.
▶ Teilen Sie den möglicherweise langen Weg zu Ihrem Ziel in Teilstrecken und Unterziele ein. Sagen Sie klar, wo Sie in einem Monat oder in einem Jahr stehen möchten, und überprüfen Sie dann auch, ob Sie, wie geplant, vorangekommen sind.
▶ Klären Sie, ob der Weg, auf dem Sie Ihr Ziel erreichen wollen und auf dem sich nun ein Hindernis zeigt, der einzige und richtige ist. Und dann entscheiden Sie, ob Sie eine andere Route wählen oder die Störung in Angriff nehmen.

4. Denken Sie in größeren Dimensionen

Einen Traum zu haben bedeutet auch immer, seine Grenzen zu sprengen, sich Ziele zu stecken, die eben nur dann erreicht werden können, wenn man sich nach ihnen ausstreckt und die einem nicht von alleine entgegenkommen. Und genau das fällt uns so schwer. Bei jedem Blick in den Spiegel begegnen wir einem Wesen, dem wir all das, wonach wir uns sehnen, gar nicht zutrauen. Wir kennen ja zumindest im Unterbewusstsein unsere Grenzen und wissen, wie hart wir um alles kämpfen müssen. Letztlich entscheidet sich die Verwirklichung eines Traums daran, ob man es aushält, in Dimensionen zu denken, die größer sind als man selbst. Und das muss man üben. Indem man zum Beispiel lernt, nicht bei jedem großen Gedanken sofort alle »Ja, aber …« zuzulassen, die es sicherlich oftmals zu Recht gibt. Viele Menschen schrecken vor ihren Träumen zurück, bevor sie den allerersten Schritt gegangen sind. Nehmen Sie all Ihren Mut zusammen, und schreiben Sie einfach mal auf, wie Ihr Leben in fünf Jahren aussehen könnte, wenn all das wahr würde, wonach Sie sich schon immer gesehnt haben. Was wäre nötig, damit Sie ein rundherum zufriedener, glücklicher und fröhlicher Mensch sein könnten? Und dann träumen Sie diese Träume bis zum Ende. Selbstverständlich sollten Sie in einem zweiten Schritt auch die Frage nach der Realisierbarkeit für sich beantworten, aber im Regelfall bremsen wir unsere Träume aus, bevor sie überhaupt einmal formuliert und gedacht werden konnten.

▷ Prüfen Sie regelmäßig, ob die Dimensionen, in denen Sie denken, immer noch größer sind als Sie, oder ob Sie unbemerkt wieder angefangen haben, doch nur mit den Mittelmäßigkeiten Ihrer normalen Fähigkeiten zu rechnen.

▷ Fragen Sie sich regelmäßig, ob Sie noch aus ganzem Herzen, mit ganzer Seele und mit all Ihrer Kraft an Ihren Traum glauben. Es kann sein, dass Sie längst so viele Zweifel zugelassen haben, dass Scheitern unausweichlich ist.

▷ Machen Sie sich immer wieder klar, dass Gottes Horizont unendlich viel größer ist als alles, was wir jemals zu denken wagen. Fragen Sie nicht, was Sie erreichen können, sondern was *er* durch Sie erreichen kann.

5. Lassen Sie sich Ihre Fehler vergeben und akzeptieren Sie Ihre Grenzen

Wir brauchen klare Rituale, um mit unseren Fehlern und Grenzen umgehen zu lernen. Natürlich kann man sich immer wieder sagen, dass Fehler zum Menschsein dazugehören, aber spätestens, wenn man andere Menschen verletzt hat, sollte man die eigene Haltung überdenken. Darum ist es so wichtig, Formen zu finden, in denen man sich vergeben lassen kann. Vor allem, weil es uns wesentlich leichter fällt, uns selbst zu vergeben, wenn wir nicht noch den Groll anderer Menschen im Nacken spüren. Suchen Sie sich daher einen Seelsorger, jemanden, zu dem Sie großes Vertrauen haben, oder eine gute Freundin bzw. einen guten Freund, mit dem Sie das besprechen können, was Sie getan haben, und der Ihnen auch von außen seine und Gottes Vergebung zusagt. Dort, wo durch Ihr Verhalten jemand konkret in Mitleidenschaft gezogen wurde, sollten Sie ganz persönlich um Verzeihung bitten. Erst dann sind Sie ganz frei, mit diesen Fehlern zu leben.

Das Gleiche sollten wir bei unseren Grenzen tun. Wir können sie nämlich nur dann akzeptieren, wenn wir diesen Gedanken mit jemandem geteilt haben. Zwar gilt auch hier: Wir glauben nicht, dass es Grenzen gibt, die Gott nicht überwinden könnte. Aber er hat die Menschen nun einmal mit sehr unterschiedlichen Gaben versehen – und es ist, zum Glück, noch keiner geboren worden, der alle Fähigkeiten in sich vereint hätte. Jeder hat Grenzen, und je eher er das für sich klärt, umso erfolgreicher wird er sein Leben gestalten können.

▸ Klären Sie nach jedem Fehler, was nötig ist, um ihn aus der Welt zu schaffen – mit den Menschen, die darunter gelitten haben, dann aber auch mit sich selbst. Lassen Sie sich Ihre Fehler vergeben und vergeben Sie sich selbst.

▷ Schreiben Sie einmal sehr genau auf, was Sie können und was nicht. Diskutieren Sie diese Einschätzung mit Menschen, die Sie gut kennen, und kämpfen Sie nicht länger gegen Ihre Schwächen, sondern mit Ihren Stärken.

▷ Bringen Sie Ihre Fehler und Grenzen vor Gott, und bitten Sie ihn, dass Sie lernen, mit diesen Schwächen verantwortungsvoll und bewusst zu leben und Wege zu finden, sich zu entwickeln.

6. Stellen Sie sich Ihren Fehlern und Grenzen

Wer seine Grenzen erst einmal akzeptiert hat und weiß, dass seine Fehler vergeben sind, der kann auch anfangen, daran zu arbeiten. Es macht einen großen Unterschied, ob ich verärgert meine Grenzen sprengen will oder ob ich aus einer positiven Grundhaltung heraus meine Möglichkeiten erweitere, ob ich verkrampft oder motiviert darangehe, mein fehlerhaftes Verhalten in Zukunft zu korrigieren. Auch in diesem Zusammenhang lohnt es sich, schriftlich zu fixieren, welche Fehler uns permanent unterlaufen, um dann Strategien entwickeln zu können, sie zu vermeiden. Je klarer man selbst weiß, was man verändern will, desto genauer kann man auch kontrollieren, ob sich wirklich etwas verändert.

Bei den Grenzen lohnt es sich vor allem, darüber nachzudenken, ob es sich um veränderliche oder unveränderliche Grenzen handelt. Kenntnisse kann man sich aneignen, Fertigkeiten erlernen, Charakterzüge neu entwickeln. Da, wo Grenzen unveränderlich sind, ist jede investierte Minute vergeudete Zeit. Ein 30-Jähriger, der zum ersten Mal einen Tennisschläger in der Hand hält, wird niemals mehr die Nummer eins der Weltrangliste werden, aber ein schüchterner Mensch kann sehr wohl lernen, seine Unsicherheit zu überwinden.

▶ Geben Sie sich mit Ihren Fehlern nicht zufrieden. Überlegen Sie konkret, was Sie ändern sollten, um sich zu verändern. Sehen Sie Ihre Schwächen als Herausforderungen an.
▶ Studieren Sie Ihre Träume so genau, dass Sie sagen können, welche Grenzen dafür überwunden werden müssen. Das Überwinden von Grenzen hat keinen Eigenwert, aber es kann einem wichtigen Traum dienen.
▶ Lassen Sie sich in diesen Prozessen von Gott Kraft geben. Versuchen Sich nicht, diese Herausforderungen allein zu bestehen, sondern tanken Sie so oft es geht auf, damit nicht andere Bereiche Ihres Lebens in Mitleidenschaft gezogen werden.

7. Reden Sie über Ihre Fehler und Grenzen

Nicht nur bei der grundsätzlichen Auseinandersetzung mit den eigenen Schwächen, sondern gerade, wenn es darum geht, etwas zu verändern, sollten wir möglichst viele Menschen an unserem Leben teilhaben lassen. Können Sie sich vorstellen, was passiert, wenn Sie in Ihrem Bekanntenkreis verkünden: »Dies und jenes habe ich so oft falsch gemacht, dass ich mich selbst darüber ärgere. Ich bitte euch, mir dabei zu helfen, dass es besser wird.« Diejenigen, die das ausprobiert haben, waren überrascht, dass sie eigentlich ausschließlich sehr liebevolle und freundliche Rückmeldungen bekommen haben. Die Freunde waren froh, dass sie in einen so wichtigen Prozess mit einbezogen wurden, und gerne bereit, ihren Teil zu einer Veränderung beizutragen.

Auch eine Grenze werden Sie nicht überwinden, wenn Sie das allein versuchen. Im Gegenteil: Weil Ihr Bekanntenkreis Sie ja nur so kennt, wie Sie vor Ihren neuen Träumen waren – und weil alle Menschen im Herzen konservativ sind, also erst einmal das Bisherige für normal erachten –, werden Sie bei ihm auf große Widerstände stoßen, falls Sie ihn nicht einweihen. Jeder hat von Ihnen ein bestimmtes Bild, und wenn Sie diesem Bild nicht mehr entsprechen wollen oder schon nicht mehr entsprechen, verunsichern Sie die anderen. Teilen Sie Ihre Träume, damit Sie Ihre Grenzen nicht gegen, sondern *mit* anderen überwinden.

➤ Überlegen Sie, welche Fehler Sie als erste angehen wollen und welche Personen von einem veränderten Verhalten Ihrerseits betroffen wären. Reden Sie mit diesen Menschen über Ihre Pläne.

➤ Fragen Sie Ihre Freunde und Bekannten, wie Sie die Grenzen, die Sie überwinden wollen, wahrnehmen. Deuten Sie zumindest an, dass Sie in diesem Bereich an sich arbeiten und dort Veränderungen zu erwarten sind.

➤ Reden Sie regelmäßig mit Gott über die Veränderungen, die Sie in Ihrem Leben vorhaben und bemerken. Danken Sie für jeden kleinen Schritt und bitten Sie um Unterstützung für den nächsten.

8. Studieren Sie Ihre Fehler und Grenzen

Sieht man von Ausrutschern und Missgeschicken ab, dann entdeckt man hinter den meisten Fehlern klare Ursachen. Warum verletze ich so oft andere Menschen mit meiner Überheblichkeit? Weil ich das unbewusst für ein Zeichen von Selbstvertrauen halte. Warum setze ich seit einem halben Jahr in meinem Beruf so viele Aufträge in den Sand? Weil ich mich innerlich schon lange von dieser Abteilung verabschiedet habe und von einem neuen Aufgabenfeld träume. Warum gerate ich immer wieder in Streit mit den jungen Leuten in unserer Gemeinde, die alles anders haben wollen? Weil ich Angst habe, dass ich mich hier plötzlich nicht mehr zu Hause fühle. Man könnte unendlich viele solcher Beispiele finden und sie würden doch immer nur eines deutlich machen: Fehler sind oftmals nur die Symptome, nicht die Krankheiten. Damit soll nicht der oben genannte Prozess, sich seinen Fehlern zu stellen, unterlaufen werden, es kann aber sein, dass man wesentlich weiterkommt, wenn man nach den Gründen fragt.

Je intensiver ich mich dagegen mit meinen Grenzen beschäftige, desto besser werde ich mich selbst kennen lernen und desto klarer wird mir werden, warum ich einen bestimmten Traum umsetzen möchte.

▸ Fragen Sie bei jedem Fehler nach dem Warum. Ärgern Sie sich nicht über die Tatsache, die schief gegangen ist, sondern studieren Sie deren Hintergründe und Motivationen, damit Sie gleich die eigentlichen Schwächen Ihres Lebens in den Griff bekommen.

▸ Machen Sie aus Grenzen Sprungbretter! Überlegen Sie in aller Ruhe, wohin die Überwindung der Grenzen Sie bringen soll, und prüfen Sie die Umstände. Es könnte sein, dass eine vermeintliche Schwäche in einem Zusammenhang zur Stärke wird.

▸ Fragen Sie sich, warum Ihnen Gott wohl diese oder jene Grenze gegeben hat und warum Sie dazu neigen, an bestimmten Stellen Fehler zu machen. Klären Sie das mit ihm und betrachten Sie auch die Einschränkungen als gute Gaben.

9. Lassen Sie sich von Fehlern und Grenzen motivieren

Weil Sie durch Niederlagen dazu herausgefordert werden, an Ihren Aufgaben zu wachsen, sollten Sie sie als kostbare Geschenke annehmen. Versuchen Sie einmal, für die Widrigkeiten Ihres Lebens dankbar zu sein – und Sie werden sehr schnell bemerken, dass sich etwas in Ihnen und an Ihrer Lebenseinstellung ändert. »Etwas ist schief gegangen – wie schön, ich werde dabei etwas über mich lernen. Ich habe einen Fehler gemacht – Gott sei Dank, ich kann herausfinden, wie ich es besser machen kann. Ich bin an eine Grenze gekommen – gut, dass ich jetzt weiß, woran ich bin und woran ich arbeiten muss.« Vielleicht sollten Sie einmal bei einem richtigen Missgriff ein Fest feiern und sich mit anderen darüber freuen, dass sich nun etwas in Ihrem Leben tut. Das mag vielleicht im Angesicht von beunruhigenden Erfahrungen und schlechten Tagen wie Sarkasmus klingen, es ist aber sehr ernst gemeint. Letztlich hängt unser gesunder Umgang mit Fehlern und Grenzen von unserer Einstellung ab. Ein »Pro-blem« ist etwas, das für uns ist, sonst hieße es »Anti-blem«. Wer einen Garten und schnell wachsende Pflanzen besitzt, der weiß, dass man die meisten Sträucher und Bäume regelmäßig schneiden muss, damit sie eine schöne Form bekommen, sich in die Landschaft einfügen und viel Frucht bringen. Wildwuchs kommt den Pflanzen nicht zugute, er schadet ihnen. Darum sehen Sie bitte Ihre Niederlagen als Bestandteil eines solchen Beschneidungsprozesses, der letztlich Ihrem Besten dient.

▸ Gewöhnen Sie sich daran, Fehler und erfahrene Grenzen als so natürlich und gesund zu erleben. Fangen Sie sofort an, an Veränderungen zu arbeiten.

▷ Vergessen Sie nie, dass Sie das notwendige Handwerkszeug, das Sie zum Erreichen Ihres Traumes brauchen, fast immer erst auf dem Weg erwerben. Jeder Stopp macht Sie stärker, klüger und qualifizierter.

▷ Nutzen Sie die Gelegenheit, sich von anderen Menschen für Ihre Träume segnen zu lassen. In vielen Gemeinden ist es längst üblich, sich gegenseitig die Gegenwart Gottes und den Segen für ein bestimmtes Anliegen zuzusprechen.

10. Geben Sie nie auf!

O ja, es kann passieren, dass ein Traum sich als Sackgasse erweist. Aber auch ein Traum ist nur der Ausdruck einer tiefen Sehnsucht, die in uns liegt. Wenn Sie tatsächlich einmal vor dem Aus stehen, weil sich unüberwindbare Hindernisse oder große Fehleinschätzungen in den Weg stellen, dann bleiben Sie trotzdem dran, und überlegen Sie, warum Sie diesen Traum hatten. Was hat ihn ausgelöst? Welche Bedürfnisse sollten damit erfüllt werden? Wodurch entstand der Gedanke überhaupt? Was hat ihn geprägt? Die Antwort auf einen verunglückten Traum darf niemals das Ende des Träumens, sondern höchstens ein neuer Traum sein. Denn die Sehnsüchte, die Sie dazu gebracht haben, diesen Traum zu träumen, die Ihnen Mut gegeben haben, einen Weg auszuprobieren, sind ja immer noch da. Und dass es Träume gibt, die platzen, heißt doch nicht, dass das Träumen an sich falsch wäre. Es zeigt nur, dass wir uns beim Träumen so nah an unserem eigentlichen Sein und unserer Bestimmung bewegen, dass die Gefahr eines Absturzes natürlich besonders groß ist. Wer seinen Acker nicht pflügt, der läuft zwar nicht Gefahr, sich mit dem Pflug zu schneiden, der wird aber auch nie etwas ernten. Und sollten Sie das Ende eines Weges erreichen, dann verzagen Sie nicht, sondern überlegen Sie sich ein neues Ziel. Haben Sie Mut zum Träumen!

▶ Überlegen Sie rechtzeitig, welche Motive und Hoffnungen hinter Ihrem Traum stecken, um damit notfalls einen vielleicht ganz anderen Traum zu finden, der aber die gleichen Auswirkungen auf Ihr Leben hat.

▶ Fangen Sie schon lange vor der Realisation eines Traumes an weiterzuträumen. Machen Sie sich Gedanken, was der nächste Schritt ist, wie es hinter dem Ziel weitergeht und welche Weichen Sie dafür jetzt schon stellen können.

▶ Denken Sie jederzeit an die Worte Dietrich Bonhoeffers, dass »auch unsere Fehler und Irrtümer nicht vergeblich sind und dass es Gott nicht schwerer ist, mit ihnen fertig zu werden, als mit unseren vermeintlichen Guttaten«.

Erforsche mich, Gott

Wir wünschen Ihnen beim Umgang mit Ihren Fehlern und Grenzen Gottes reichen Segen, ungeahnte Aha-Erlebnisse und eine neue Freiheit, die allen Lebensbereichen zugute kommt. Dass Gott verspricht, uns auch und gerade in den schweren Zeiten beizustehen, ist eine wundervolle Zusage.

Wir verabschieden uns daher mit einigen Versen aus dem Psalm 139, diesem 3 000 Jahre alten, herrlichen Gebet, in dem die sanfte, allgegenwärtige und wohltuende Nähe Gottes gepriesen wird.

> Herr, du erforschest mich und kennest mich.
> Ich sitze oder stehe auf, so weißt du es;
> du verstehst meine Gedanken von ferne.
> Ich gehe oder liege, so bist du um mich
> und siehst all meine Wege.
> Ja, es ist kein Wort auf meiner Zunge,
> das du, Herr, nicht schon wüßtest.
> Von allen Seiten umgibst du mich
> und hältst deine Hand über mir.
>
> Führe ich gen Himmel, so bist du da;
> bettete ich mich bei den Toten, siehe, so bist du auch da.
> Nähme ich Flügel der Morgenröte
> und bliebe am äußersten Meer,
> so würde auch dort deine Hand mich führen
> und deine Rechte mich halten.

Spräche ich: Finsternis möge mich decken
und Nacht statt Licht um mich sein -
so wäre auch die Finsternis nicht finster bei dir,
und die Nacht leuchtete wie der Tag.
Finsternis ist wie das Licht.

Deine Augen sahen mich, als ich noch nicht bereitet
war,
und alle Tage waren in dein Buch geschrieben,
die noch werden sollten und von denen keiner da war.
Aber wie schwer sind für mich, Gott, deine Gedanken!
Wie ist ihre Summe so groß!
Wollte ich sie zählen, so wären sie mehr als der Sand:
Am Ende bin ich noch immer bei dir.

Erforsche mich, Gott, und erkenne mein Herz;
prüfe mich, und erkenne, wie ich's meine.
Und sieh, ob ich auf bösem Wege bin,
und leite mich auf ewigem Wege.

Weitere Bücher von
Douglass • Scheunemann • Vogt

Viele Gemeinden träumen davon, Kirchendistanzierte zu erreichen. Die Andreasgemeinde in Niederhöchstadt bei Frankfurt hat es einfach ausprobiert: Inspiriert von *Willow Creek* feiert sie einmal im Monat mit über 700 Gästen den Gottesdienst *GoSpecial*, der mit interessanten Themen und modernen Formen die Menschen dort abholt, wo sie stehen, und ihnen Gott von einer ganz neuen Seite zeigt.

Ein Traum von Kirche
Taschenbuch, 208 Seiten
Nr. 657 206

Ein Mensch, der einen Traum für sein Leben hat, lebt anders: motiviert, zielorientiert, selbstsicher und mit der Kraft, Krisen erfolgreich zu meistern. Anhand der faszinierenden Träume der Josefsgeschichte zeigen die Autoren, wie das gesunde Entwickeln einer Vision das Leben verändern kann und wie sich unsere Träume mit denen Gottes vereinen lassen.

Träume nicht dein Leben – Lebe deinen Traum
Taschenbuch, 160 Seiten
Nr. 657 229